Impressum
Verlag: BABADADA GmbH, Nedderfeld 112 , 22529 Hamburg
Geschäftsführer / Verlagsleitung: Harald Hof
Druck: Books on Demand GmbH, In de Tarpen 42, 22848 Norderstedt

Imprint
Publisher: BABADADA GmbH, Nedderfeld 112 , 22529 Hamburg, Germany
Managing Director / Publishing direction: Harald Hof
Print: Books on Demand GmbH, In de Tarpen 42, 22848 Norderstedt, Germany

ቤት-ትምህርቲ

iskola

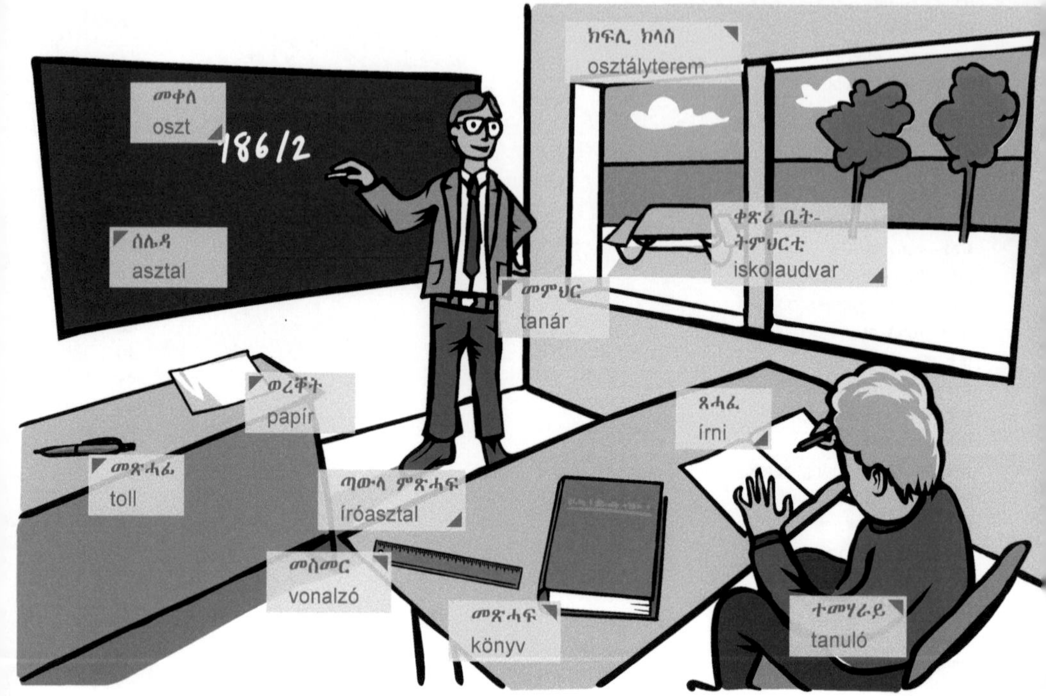

መቀለ
oszt
186/2
ሰሌዳ
asztal
ክፍሊ ክላስ
osztályterem
ቀጽሪ ቤት-ትምህርቲ
iskolaudvar
መምህር
tanár
ወረቐት
papír
ጸሓፊ
írni
መጽሓፊ
toll
ጣውላ ምጽሓፍ
íróasztal
መስመር
vonalzó
መጽሓፍ
könyv
ተመሃራይ
tanuló

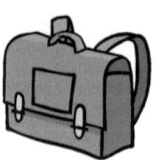

ሳንጣ ትምህርቲ

iskolatáska

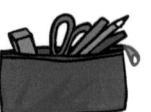

ሰፈር ብርዒ

tolltartó

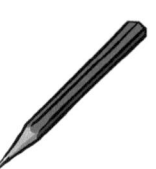

ርሳስ

ceruza

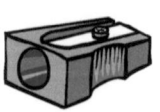

መብልሒ ርሳስ

ceruzahegyező

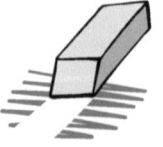

መደምሰሲ

radír

ጥራዝ ስእሊ

rajzfüzet

ስእሊ

rajz

ብርዒ ቀለም

ecset

ቦክስ ቀለም

festőkészlet

መቐስ

olló

መጣበቒ

ragasztó

ጥራዝ መላመዲ

munkafüzet

ዕዮ ገዛ

házi feladat

ቁጽሪ

szám

ወሲኽ

összead

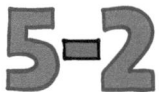

ጎደለ

kivon

ረብሐ

szoroz

ደመረ

számol

ፊደል

betű

ስርዓት ፊደላት

ABC

hello

ቃል

szó

ጽሑፍ
....
szöveg

አንበበ
....
olvasni

ኩርሽ
....
kréta

ሰዓት
....
tanóra

መዝገብ ክላስ
....
napló

መርመራ
....
vizsga

ሰርቲፊኬት
....
bizonyítvány

ድቢዛ ቤትትምህርቲ
....
iskolai egyenruha

ትምህርቲ
....
oktatás

ለክሲኮን
....
enciklopédia

ዩኒቨርሲቲ
....
egyetem

ሚክሮስኮፕ
....
mikroszkóp

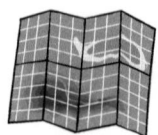

ካርታ
....
térkép

ጎሓፍ ወረቓት
....
papír-hulladék gyűjtő

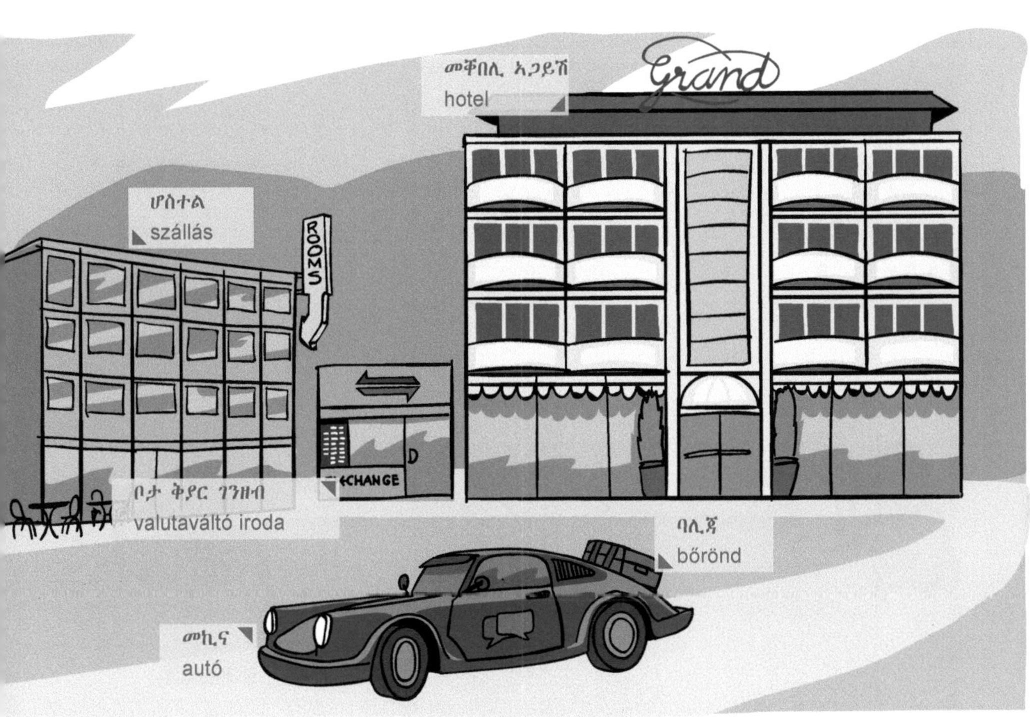

Grand
መቐበሊ ኣጋይሽ
hotel
ሆስተል
szállás
ROOMS
ቦታ ቅያር ገንዘብ
valutaváltó iroda
ባሊጃ
bőrönd
መኪና
autó

ቋንቋ

nyelv

እወ / ኖ

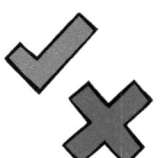

igen/nem

ሕራይ

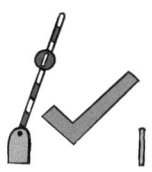

rendben

ሰላም

szia

ኣስተርጓሚ

fordító

የቐንየለይ

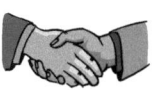

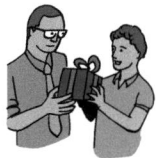

köszönöm

. . . ክንደይ ዋግኡ?

mennyibe kerül...?

አይተረድአኹን

nem értem

ሽግር

probléma

ሰላም ምሸት!

Jó estét!

ከመይ ሓዲርካ

jó reggelt!

ሰላም ለይቲ

jó éjszakát!

ደሓን ኩን

viszontlátásra

አንፈት

útirány

ጉዓዝ

poggyász

ሳንጣ

táska

ሳንጣ ሕቖ

hátizsák

ጋሻ

vendég

ክፍሊ

szoba

ክሻ መደቐሲ

hálózsák

ቴንዳ

sátor

ሓበሬታ በጻሕቲ ሃገር

turista információ

ገምገም ባሕሪ

strand

ክረዲት ካርድ

hitelkártya

ቁርሲ

reggeli

ምሳሕ

ebéd

ድራር

vacsora

ቲከት

jegy

ሊፍት

lift

ማሕተም ደብዳበ

bélyeg

ዶብ

határ

ድንና

vám

ኣምበሲ

nagykövetség

ቪዛ

vízum

ፓስፖርት

útlevél

መጓዓዝያ

közlekedés

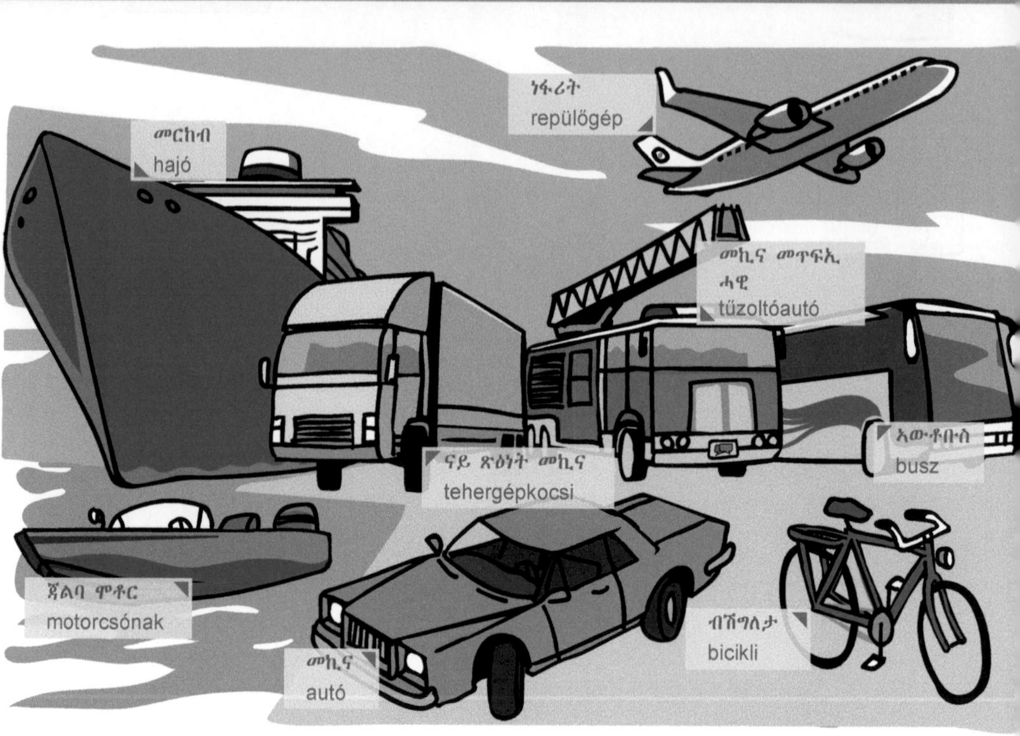

ነፋሪት
repülőgép
መርከብ
hajó
መኪና መጥፋኢ ሓዊ
tűzoltóautó
ናይ ጽዕነት መኪና
tehergépkocsi
ኣውቶቡስ
busz
ጃልባ ሞቶር
motorcsónak
ብሽግለታ
bicikli
መኪና
autó

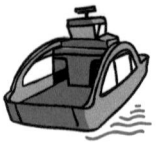

ፈሪ

komp

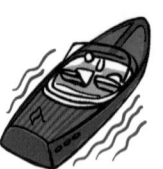

ጃልባ

csónak

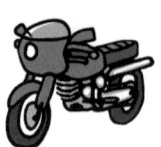

ሞቶ

motorkerékpár

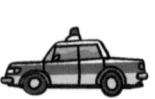

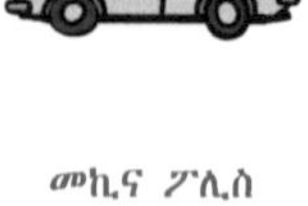

መኪና ፖሊስ

rendőrautó

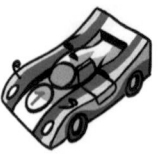

መኪና ቅድድም

versenyautó

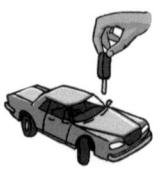

ክራይ መኪና

bérautó

ምውፋይ መካይን

telekocsi

መወሰዴ መኪና

vontató

መኪና ጐሓፍ

szemetes autó

ሞቶር

motor

ነዳዲ

üzemanyag

እንዳ ነዳዲ

benzinkút

ምልክት ትራፊክ

közlekedési tábla

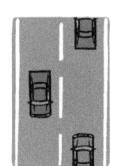

ትራፊክ

forgalom

ምጭቕጪቕ ትራፊክ

forgalmi dugó

መዐሸጊ መኪና

parkoló

መዕረፊ ባቡር

vonatállomás

ሓዲግ

sínek

ባቡር

vonat

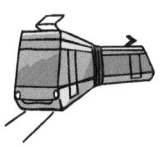

ትረም

villamos

ባጎኒ

vagon

ሄሊኮፕተር

helikopter

መዓረፍ ነፈርቲ

repülőtér

ታወር

torony

ተጓዢ

utas

ኮንተይነር

konténer

ሳንዱቅ ካርቶን

kartondoboz

ኮርሳ ጽዕነት

taliga

ዘንቢል

kosár

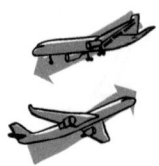

ተበገሰ / ዓለበ

felszáll / leszáll

ከተማ

város

ቀሽት

falu

ማእከል ከተማ

városközpont

ገዛ

ház

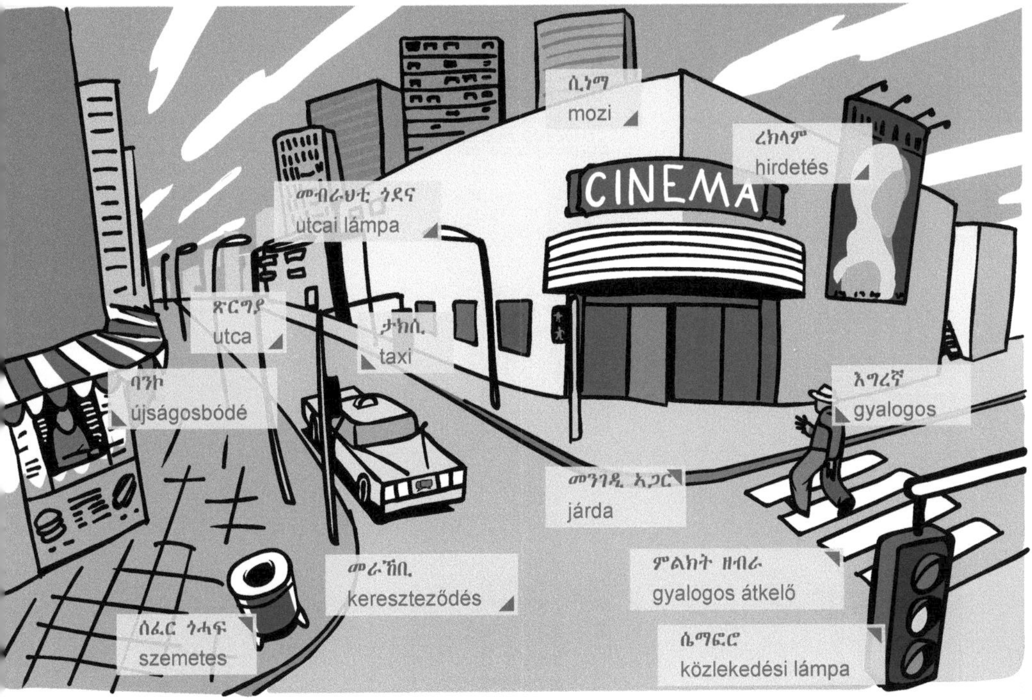

ሲነማ
mozi

ረክላም
hirdetés

መብራህቲ ጎደና
utcai lámpa

CINEMA

ጽርግያ
utca

ታክሲ
taxi

ባንኮ
újságosbódé

እግረኛ
gyalogos

መንገዲ እግር
járda

መራኸቢ
kereszteződés

ምልክት ዘብራ
gyalogos átkelő

ሰረር ጎሓፍ
szemetes

ሴማፎር
közlekedési lámpa

አጉዶ
....
kunyhó

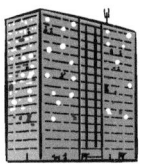

አፓርትመንት
....
lakás

መዕረፊ ባቡር
....
vonatállomás

ቤት ምምሕዳር
....
városháza

ቤት መዘክር
....
múzeum

ቤት-ትምህርቲ
....
iskola

ዩኒቨርሲቲ
egyetem

ባንክ
bank

ሆስፒታል
kórház

መቆበሊ አጋይሽ
hotel

ቤት መድሃኒት
gyógyszertár

ቤት ጽሕፈት
iroda

ዱኳን መጽሐፍቲ
könyvesbolt

ዱኳን
üzlet

ዱኳን ዕንባባ
virágüzlet

ሱፐርማርክት
szupermarket

ዕዳጋ
piac

ሹቅ
áruház

ነጋዳይ ዓሳ
halárus

ሹቅ
bevásárló központ

መርሳ
kikötő

መዝናግዒ
....
park

ባንኪ
....
pad

ድልድል
....
híd

መደያይቦ
....
lépcső

ባቡር ትሕቲ ምድሪ
....
metró

ቢንቶ
....
alagút

መዕረፊ አውቶቡስ
....
buszmegálló

ቤት መስተ
....
bár

ቤት-መግቢ
....
étterem

ሰታሪት
....
postaláda

ታቤላ
....
utcatábla

ሰዓት ፓርኪንግ
....
parkoló óra

መካነ እንስሳታት
....
állatkert

መሓምበሲ
....
uszoda

መስጊድ
....
mecset

ቤት ሕርሻ
....
gazdálkodás

ብከላ
....
környezetszennyezés

መቓብር
....
temető

ቤተክርስትያን
....
templom

ቦታ ምጽዋት
....
játszótér

ቤት መቕደስ
....
szentély

ስእሊ መሬት

táj

levél — አቐድልቲ

útjelző tábla — መሕበሪ መገዲ

út — መገዲ

rét — ሻኻ

kő — እምኒ

túrázó — ኮብላሊ

fa — አግራብ

folyó — ፈለግ

fű — ስዓር

virág — ዕንባባ

ስንጭሮ
....
völgy

ኮበ
....
domb

ቀላይ
....
tó

ዱር
....
erdő

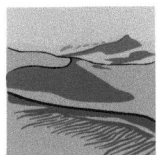

ምድረ በዳ
....
sivatag

እሳተ-ጎመራ
....
vulkán

ግምቢ
....
kastély

ቀስተ-ደመና
....
szivárvány

ቃንጥሻ
....
gomba

ዓርኮብኮባይ
....
pálmafa

ጣንጡ
....
szúnyog

ሃመማ
....
légy

ጻጻ
....
hangya

ንህቢ
....
méhecske

ሳሪት
....
pók

ሕንዚዝ

bogár

ዕንቍርዖብ

béka

ምጽጹላይ

mókus

ቅንፍዝ

sündisznó

ማንቲለ

nyúl

ጉንን

bagoly

ጭሩ

madár

ስዋን

hattyú

መፍለስ

vaddisznó

ዓጋዝን

szarvas

ሙስ

rénszarvas

ግድብ

gát

ተርባይን ንፋስ

szélturbina

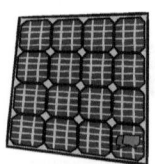

ሶላር ስርሓት

napelem

ኩነታት አየር

éghajlat

ስእሊ መዝገበ - táj

አሰላፊ
pincér

ካርታ
መግብታት
menü

መንበር
szék

መረቅ
leves

ፒትሳ
pizza

መመታተሪ
evőeszköz

ክዳን ጣውላ
teritő

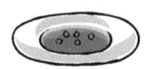

ቅድመ ቀንዲ መግቢ
elöétel

ቀንዲ መኣዲ
főétel

ድሕረ መግቢ
desszert

መስተ
italok

መግቢ
étel

ጥርሙዝ
üveg

ስሉጥ መግቢ

gyorsétel

መግቢ ጽርግያ

gyorsétel

ብርጭቆ ሻሂ

teás kanna

ታኒካ ሽኮር

cukortartó

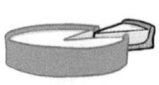

ክፋል

adag

ማሺን ኤስፕረሶ

eszpresszógép

ነዋሕ መንበር

bárszék

ጸብጸብ

számla

ታብለት

tálca

ካራ

kés

ፋርከታ

villa

ማንካ

kanál

ማንካ ሻሂ

teáskanál

ሰርቭየተ

szalvéta

ብኬሪ

pohár

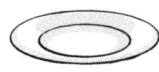

ሸሓኒ

tányér

ሸሓኒ መረቕ

leves tányér

ትሕቲ ኩባያ

csészealj

ጸብሒ

szósz

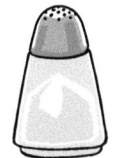

ወሃቢ ጨው

sószóró

መጥሓን በርበረ

borsőrlő

ኣቾቶ

ecet

ዘይቲ

étkezési olaj

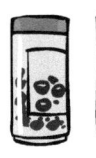

ቀመም

fűszerek

ከቸፕ

ketchup

ኣድሪ

mustár

ማዮኔዝ

majonéz

ሱፐርማርክት

szupermarket

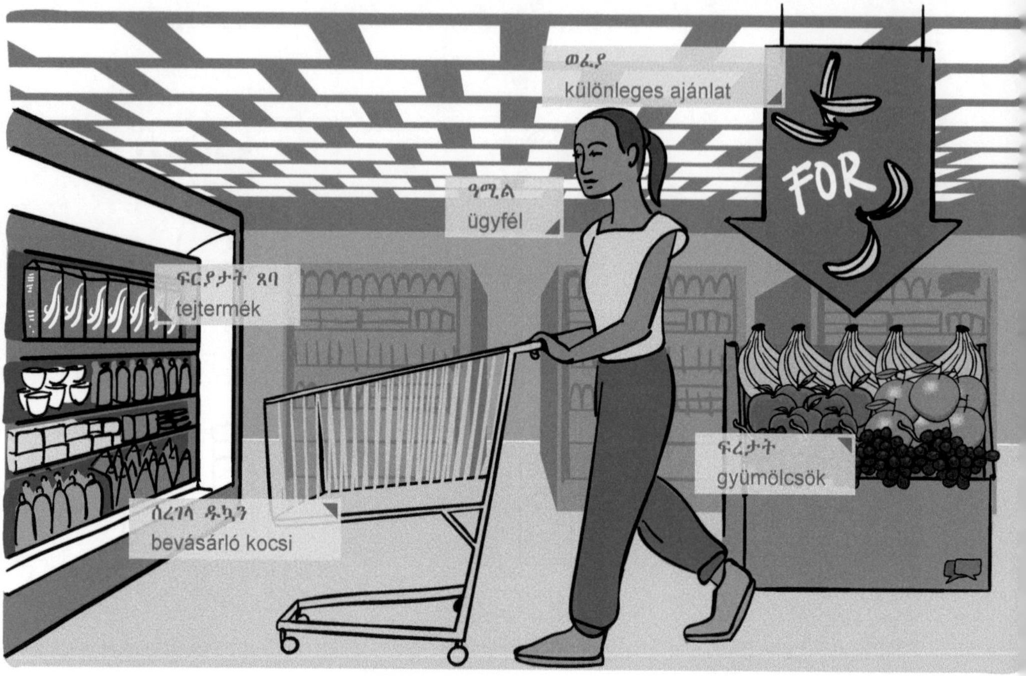
ወፈያ
különleges ajánlat
ዓሚል
ügyfél
FOR
ፍርያታት ጸባ
tejtermék
ፍረታት
gyümölcsök
ሰረገላ ዱኳን
bevásárló kocsi

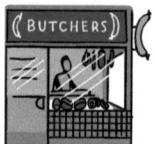

BUTCHERS

እንዳ ስጋ

hentes

BAKERY

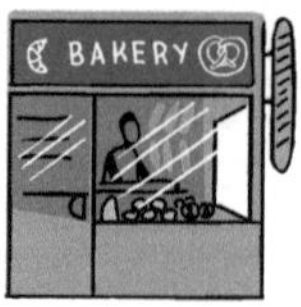

እንዳ ባኒ

pékség

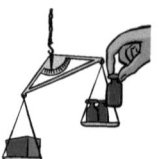

ክብደት

nyom valamennyit

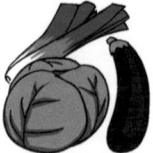

ኣሕምልቲ

zöldség

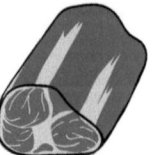

ስጋ

hús

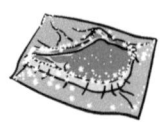

መግቢ ፍሪጅ በረድ

fagyasztott áru

ዝሑል ቅሩብ መግቢ.
....
felvágott

እስታጥላ
....
konzerv

ኦሞ
....
mosópor

ምቁር መግቢ.
....
édességek

ዘቤታውያን ኣቝሑ
....
háztartási termék

ናውቲ መጸረዩ.
....
tisztítószerek

ሸቃጣይ
....
eladó

ካሳ
....
pénztárgép

ተሓዝ ገንዘብ
....
eladó

ዝርዝር ምግዛእ
....
bevásárló lista

ክፉት ሰዓታት
....
nyitva tartás

ማሕፉዳ
....
levéltárca

ክረዲት ካርድ
....
hitelkártya

ሳንጣ
....
zacskó

ፌስታል
....
műanyag zacskó

ማይ

víz

ጽማቆ

gyümölcslé

ጸባ

tej

ኮላ

kóla

ነቢት

bor

ቢራ

sör

አልኮል

alkohol

ካካው

kakaó

ሻሂ

tea

ቡን

kávé

ኤስፕረሶ

eszpresszó

ካፑቺኖ

kapucsínó

ባናና

banán

ቱፋሕ

alma

አራንሺ

narancs

ብርጭቆ

sárgadinnye

ለሚን

citrom

ካሮት

sárgarépa

ጻዕዳ ሽጉርቲ

fokhagyma

ባምቡስ

bambusz

ሽጉርቲ

hagyma

ቅንጥሻ

gomba

ፉል

magvak

ፓስታ

nokedli

ስፓገቲ

spagetti

ሩዝ

rizs

ሰላጣ

saláta

ቅልዋ ድንሽ

sült krumpli

ቅሉው ድንሽ

sült burgonya

ፒትሳ

pizza

ሃምቡርገር

hamburger

ሳንዊ

szendvics

ቢስተካ

hússzelet

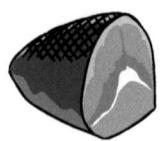

ሰለፍ ሓሰማ

sonka

ሳላሚ

szalámi

ግዕዝም

kolbász

ደርሆ

csirke

ቀለወ

pecsenye

ዓሳ

hal

ገዓት
....
zabkása

ሙስሊ
....
müzli

ኮርንፍለይክስ
....
kukoricapehely

ሐርጭ
....
liszt

ክሮሶን
....
croissant

ባኒ
....
zsemle

ባኒ
....
kenyér

ቶስት
....
pirítós kenyér

ብሽኵቲ
....
keksz

ጠስሚ
....
vaj

ርጎኦ
....
túró

ፓስተ
....
sütemény

እንቁቍሐ
....
tojás

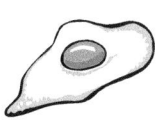

ቅሉው እንቁቍሐ
....
tükörtojás

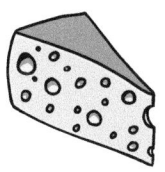

ፋርማጆ
....
sajt

አይስ ክሪም
jégkrém

ሽኩር
cukor

መዓር
méz

ጄም
lekvár

ኑጋት-ክሪም
mogyorókrém

ኩሪ
curry

ቤት ሕርሻ
gazdálkodás

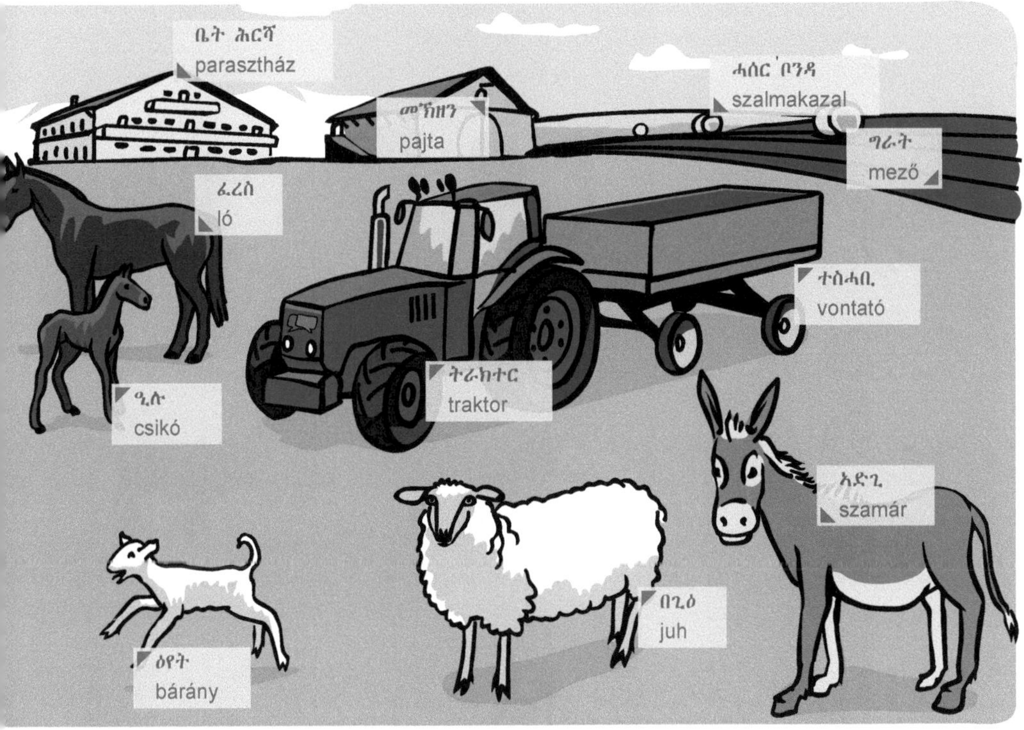
ቤት ሕርሻ
parasztház
መኽዘን
pajta
ሓሰር ቦንዳ
szalmakazal
ግራት
mező
ፈረስ
ló
ተስሓቢ
vontató
ዒሉ
csikó
ትራክተር
traktor
ኣድጊ
szamár
በጊዕ
juh
ዕየት
bárány

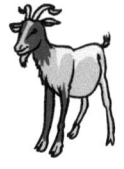

ጤል
kecske

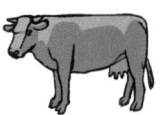

ብዕራይ
tehén

ምራኽ
borjú

ሓሰማ
malac

ውላድ ሓሰማ
kismalac

ኣርሓ
bika

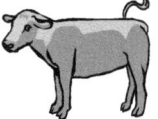

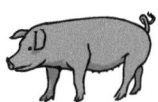

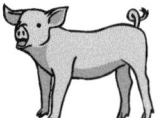

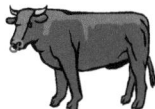

ዓዓ
liba

ማይ ደርሆ
kacsa

ጫቖሊት
csibe

ደርሆ
tojó

እርሓ ደርሆ
kakas

እንጨዋ ዓባይ
patkány

ድሙ
macska

እንጭዋ
egér

ብዕራይ
ökör

ከልቢ
kutya

እጉዶ ከልቢ
kutyaház

ቱባ ጀርዲን
kerti öntözőcső

መዝፈሬ ማይ
öntözőkanna

ዓቢ ማዕጺድ
kasza

ማሕረሻ
eke

ማዕጺድ

sarló

ጭኳሮ

kapa

መስእ

vasvilla

ፋስ

fejsze

ዓረብያ ኢድ

talicska

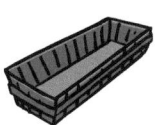

ጋብላ

teknő

ብርጭቆ ጸባ

tejes kancsó

ክሻ

zsák

ሓጹር

kerítés

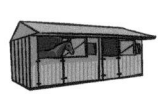

መንሰስ

istálló

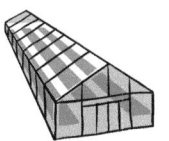

ቆጠልያ ገዛ

üvegház

ባይታ

talaj

ዘርኢ

vetőmag

ድኹዒ

trágya

ዘጣምር ቀውዓይ

cséplőgép

ቀውዐ

szüretelni

ጻማ

betakarítás

ድንሽ ያም

yamgyökér

ስርናይ

búza

ሶያ

szója

ድንሽ

burgonya

ዐፉን

kukorica

ራፕስ

repcemag

ገረብ ፍረታት

gyümölcsfa

ማኒአክ

manióka

አእኻል

gabona

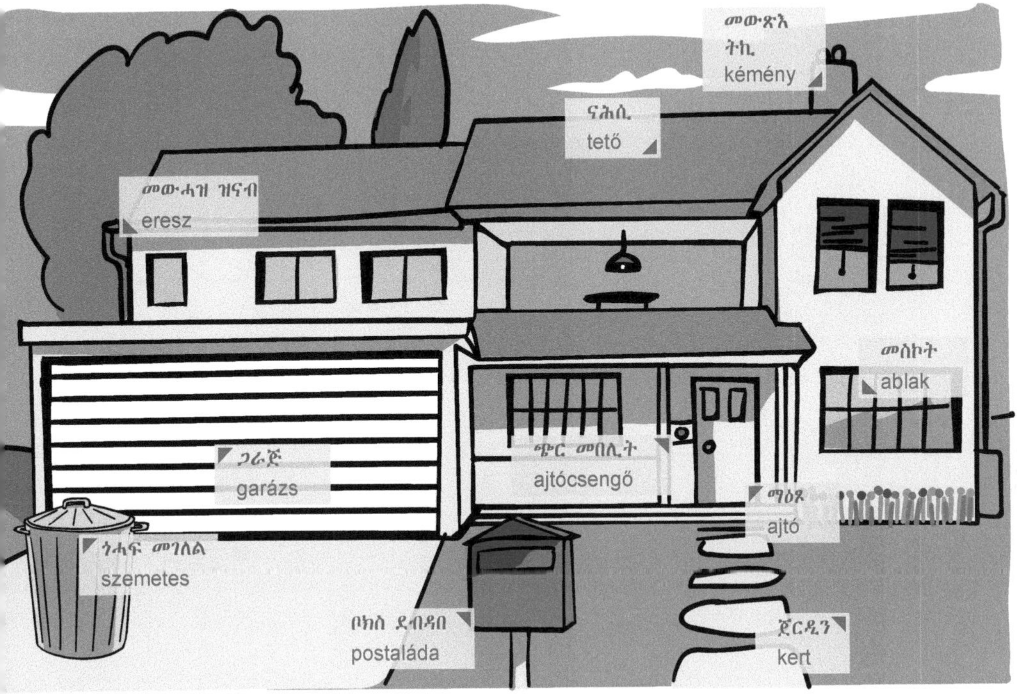

መውጽእ ትኪ
kémény

ናሕሲ
tető

መውሓዝ ዝናብ
eresz

መስኮት
ablak

ጋራጅ
garázs

ጭር መበሊት
ajtócsengő

ማዕፆ
ajtó

ጐሓፍ መገለል
szemetes

ቦክስ ደብዳበ
postaláda

ጀርዲን
kert

ክፍሊ ምቅማጥ
nappali

ክፍሊ ባንዮ
fürdőszoba

ክሽን
konyha

ክፍሊ መደቀሲ
hálószoba

ክፍሊ ቆልዑ
gyerekszoba

መመገቢ ክፍሊ
ebédlő

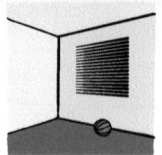

ባይታ
padló

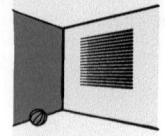

መንደቅ
fal

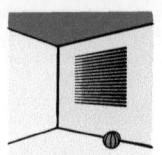

ከበርታ
plafon

ካንቲና
pince

ሳውና
szauna

ባልኮን
erkély

ዛላ
terasz

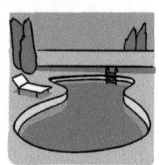

መሕምበሲ
medence

መቁረጺ ሳዕሪ
fűnyíró

አንሶላ ዓራት
lepedő

ከበርታ ዓራት
ágytakaró

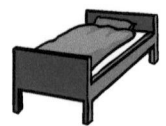

ዓራት
ágy

መኾስተር
seprű

መገለል
vödör

መወልዒት
kapcsoló

ክፍሊ ምቕማጥ
nappali

ወረቐት መንደቕ
tapéta
ስእሊ
kép
ላምፓ
lámpa
ከብሒ
polc
ከብሒ
szekrény
ተለቪዥን
televízió
መውጽኢ ትኪ ኣብ ገዛ
kandalló
ዕንባባ
virág
መተርኣስ
párna
ሳሎን
kanapé
ባዞ
váza
ሪሞት
távirányító

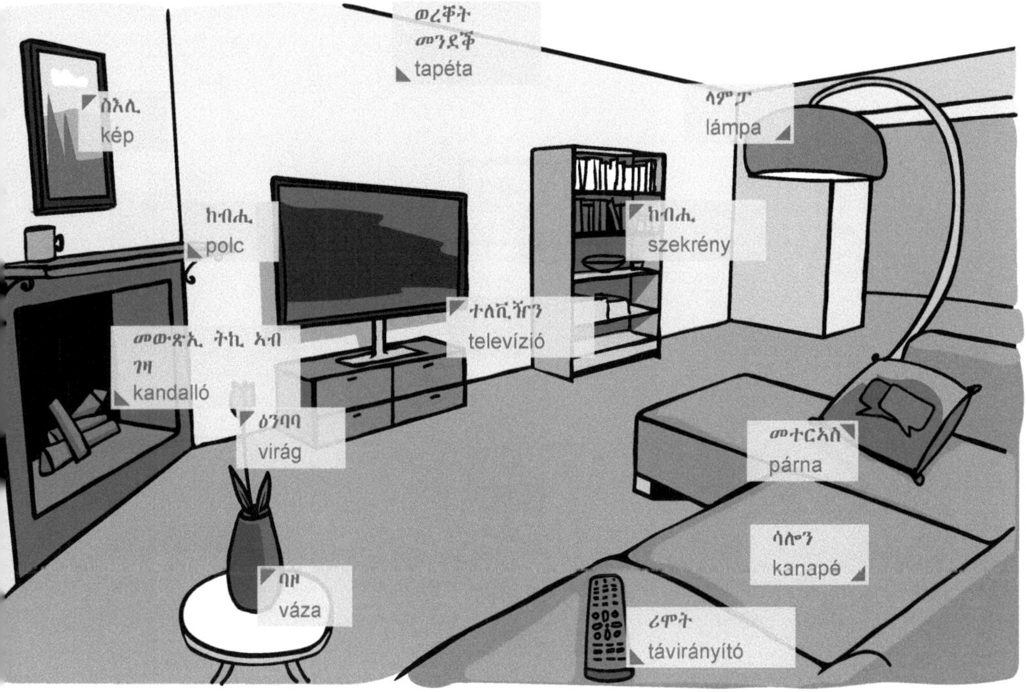

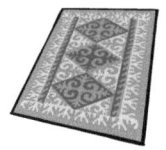

መንጸፍ
szőnyeg

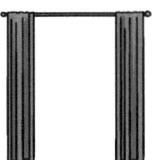

መጋረጃ
függöny

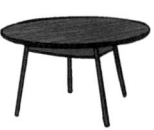

ጣውላ
asztal

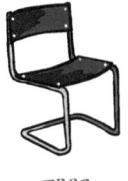

መንበር
szék

ሰለል ዝብል መንበር
hintaszék

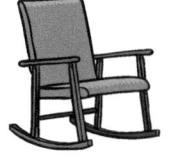

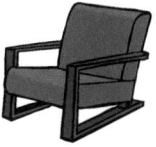

መንበር ምቹእ
karosszék

መጽሓፍ

könyv

ከቦርታ

takaró

ስልማት

dekoráció

እንጨይቲ ሓዊ

tűzifa

ፊልም

film

ስተሪዮ

hifi

መፍትሕ

kulcs

ጋዜጣ

újság

ቕብአ

festmény

ፖስተር

poszter

ሬድዮ

rádió

ጥራዝ

jegyzetfüzet

መልገሲ ደሮና

porszívó

በለስ

kaktusz

ሻምዓ

gyertya

ክሽነ
konyha

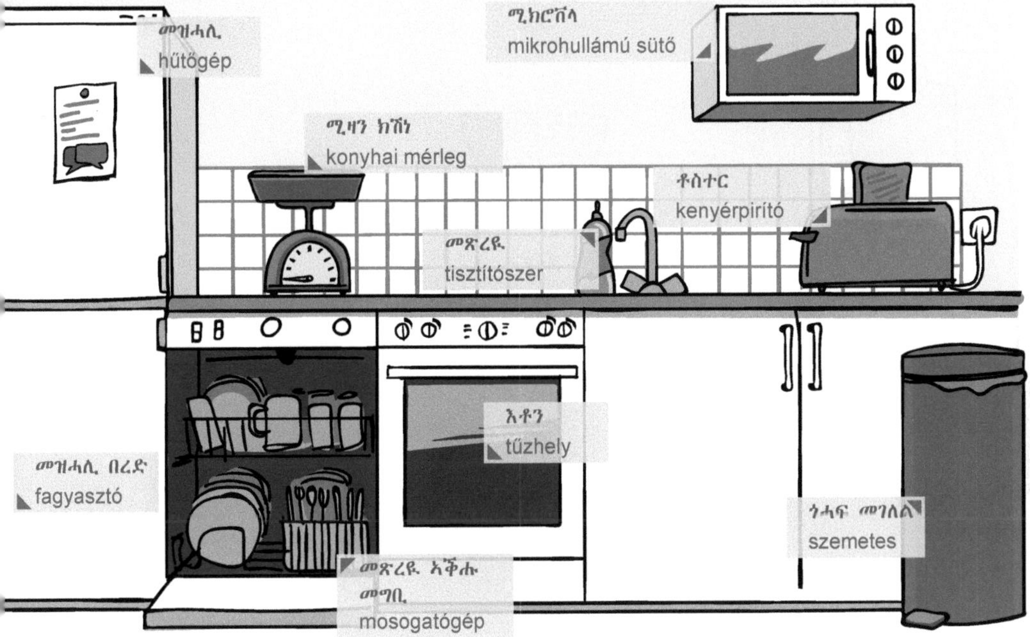

መዝሓሊ
hűtőgép
ሚክሮቨላ
mikrohullámú sütő
ሚዛን ክሽነ
konyhai mérleg
ቶስተር
kenyérpirító
መጽረዪ
tisztítószer
እቶን
tűzhely
መዝሓሊ በረድ
fagyasztó
ጎሓፍ መገለሊ
szemetes
መጽረዪ ኣቕሑ መግቢ
mosogatógép

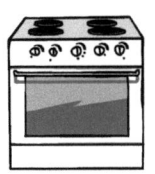

መኽሸኒ
....
tűzhely

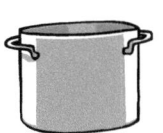

ድስቲ
....
edény

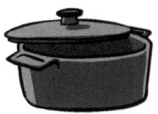

ድስቲ ሓጺን
....
vasfazék

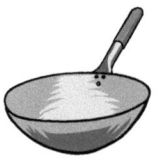

ቮክ/ካዳይ
....
wok / kadai

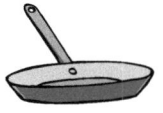

ባደላ
....
serpenyő

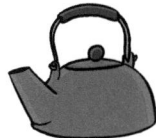

መውዓዪ ማይ
....
vízforraló

መፍልሒ.

pároló

ጎንቴራ ምስንካት

tepsi

ኣቍሑ መግቢ.

étkészlet

ብርጭቆ

bögre

ጭሓሎ

tálka

ማንካቼና

evőpálcika

ማንካ መረቕ

merőkanál

መገልበጢ ባደላ

keverőlapátka

መኸስተር ውርጪ.

habverő

መንፈት መግቢ.

szűrő

መንፈት

szita

መፋሕፍሒ.

reszelő

ሞርታር

mozsár

ባርቢክዩ

grillsütő

ስፍራ ሓዊ

kandalló

እንጨይቲ ምምታር

vágódeszka

እንጨይቲ ኩረር

sodrófa

መኽፈት ቡሽ

dugóhúzó

ታኒካ

doboz

መኽፈቲ ታኒካ

konzervnyitó

ጨርቂ ድስቲ

edényfogó

ቡምባ

mosogató

አስባስላ

kefe

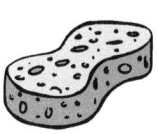

ሰፍነግ

szivacs

ሓዋሲ አደባላቒ

turmixgép

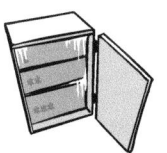

መዝሓሊ በረድ

mélyhűtő

ጥርሙዝ ማማይ

cumisüveg

ቡምባ ማይ

csap

ክፍሊ ባንዮ
fürdőszoba

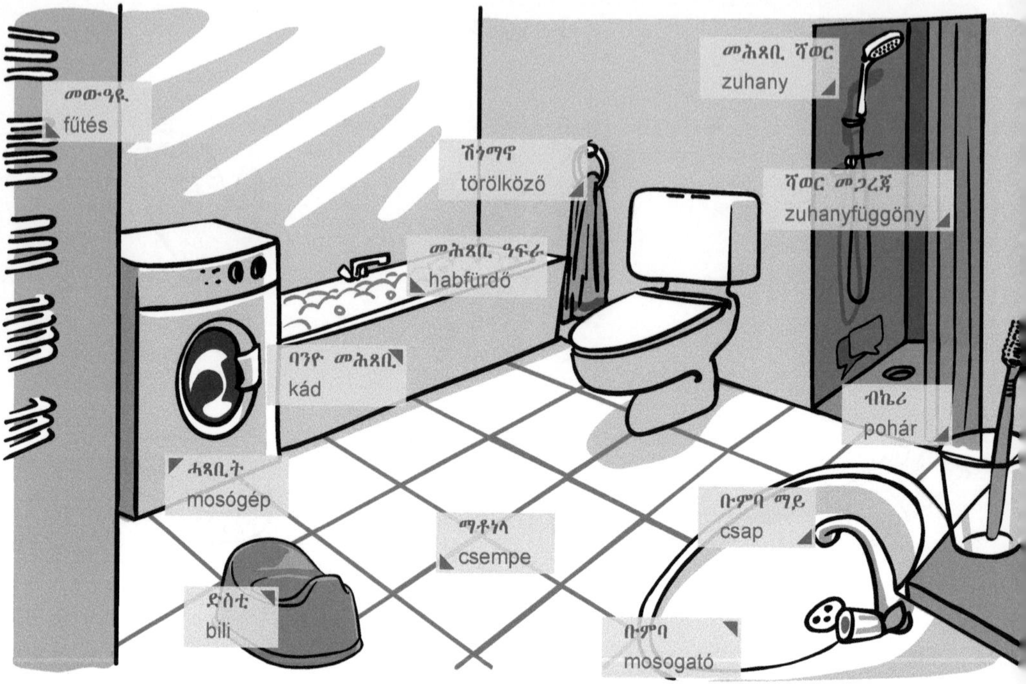

መውዓዪ
fűtés
ሽጎማኖ
törölköző
መሕጸቢ ሻወር
zuhany
ሻወር መጋረጃ
zuhanyfüggöny
መሕጸቢ ዓፍራ
habfürdő
ባንዮ መሕጸቢ
kád
ብኬሪ
pohár
ሓጻቢት
mosógép
ቡምባ ማይ
csap
ማቶነላ
csempe
ድስቲ
bili
ቡምባ
mosogató

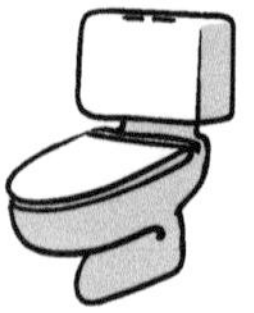

ሽቓቕ

toalett

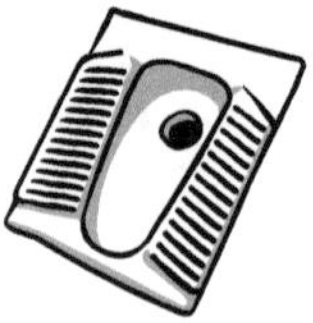

ሽቓቕ ኮፍ

guggolós toalett

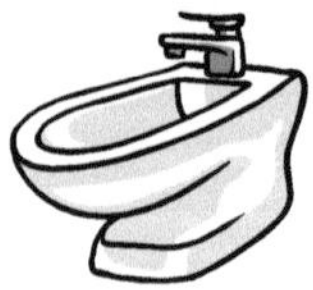

በዴ

bidé

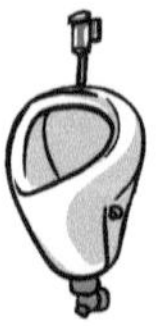

ሽቃቕ ተባዕታይ

piszoár

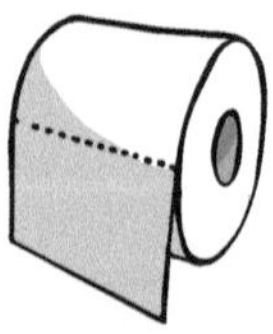

ወረቐት ሽቓቕ

toalett papír

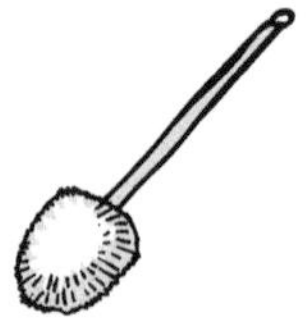

ኣስባስላ ሽቓቕ

wc kefe

አስባስላ ስኒ

fogkefe

ክሬማ ስኒ

fogkrém

ሃሪ ስኒ

fogselyem

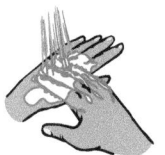

ሓጸበ

mosni

ዱሽ ኢ.ድ

kézi zuhany

ዱሽ

intimzuhany

ብርጭቆ ምሕጸብ

mosdótál

አስባስላ ሕፎ

hátmosó kefe

ሳምና

szappan

ሻወር ጀል

tusfürdő

ሻምፑ

sampon

ጨርቂ መሕጸቢ

mosdókesztyű

መውሓዚ

lefolyó

ክሬማ

krém

ደዮ ጨና

dezodor

መስትያት

tükör

ናይ ኢድ መስትያት

kézitükör

መላጸ

borotva

ዓፍራ ምልጻይ

borotvahab

ጭና ድሕሪ ምልጻይ

borotválkozás utáni
arcszesz

መመሽጥ

fésű

አስባስላ

hajkefe

መንቆጺ ጸግሪ

hajszárító

ስፕረይ ጸግሪ

hajlakk

መመላኽኒ

smink

ብርኺ ቀለም ከንፈር

ajakrúzs

አዝማላቶ

körömlakk

ጸምሪ ጡጥ

vatta

መስደዲ ጽፍሪ

körömvágó olló

ጭና

parfüm

ሳንጣ መሕጸቢ.
....
neszesszer

ድኳ
....
sámli

ሚዛን
....
mérleg

ክዳን መሕጸቢ.
....
köntös

ጓንቲ መጸረዪ.
....
gumikesztyű

ታምፓን
....
tampon

ጨርቂ ሰበይቲ
....
egészségügyi betét

ሽቓቕ ከሚስትሪ
....
vegyi WC

ክፍሊ ቆልዑ

gyerekszoba

ኣላርም መተስኢ
ébresztő óra
መጻወቲ እንስሳ
plüssállat
መጻወቲ መኪና
játékautó
ኳሕኳሕ
መበሊ
csörgő
ቤት ባምቡላ
babaház
ህያብ
ajándék

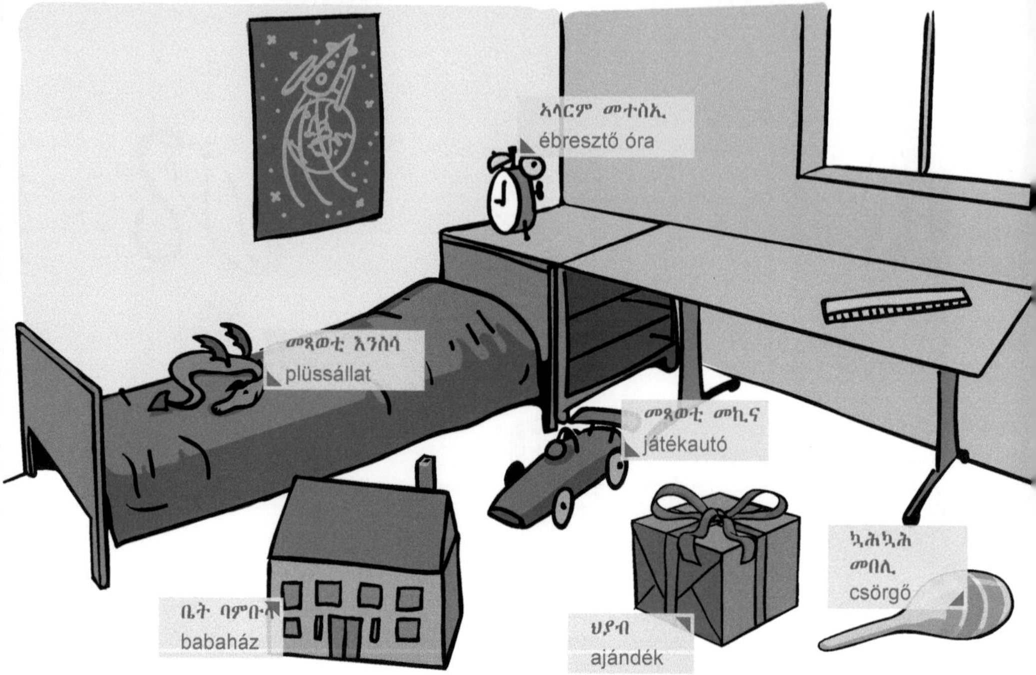

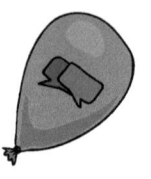

ባላንችና
....
lufi

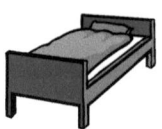

ዓራት
....
ágy

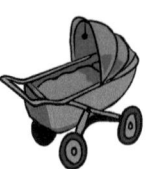

ሰረገላ ህጻን
....
babakocsi

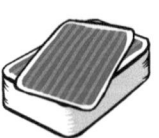

ጸወታ ካርታ
....
kártyapakli

ሕንቅሊተይ
....
kirakós játék

SUPER
MEGA

ኮሜዲ
....
képregény

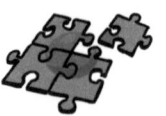

እምነታት መጻወቲ ለጎ
....
építőkockák

መጻወቲ እምነታት
....
építőelem

በዓል አክቸን
....
szuperhős

ክዳን ማማይ
....
rugdalózó

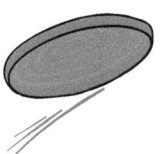

ፍሪስቢ
....
frizbi

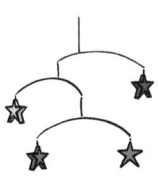

ሞባይል ማማይ
....
zenélő forgó

ጸወታ ሰሌዳ
....
társasjáték

ኩቦ
....
kocka

ሞደል ባቡር ምድሪ
....
modellvasút

ዓባስ
....
cumi

ፓርቲ
....
zsúr

መጽሓፍ ስእሊ
....
képeskönyv

ኩዕሶ
....
labda

ባምቡላ
....
baba

ተጻወት
....
játszani

መጻወቲ ሑጻ

homokozó

ሰላል

hinta

መጻወቲታት

játékok

ኮንሶል ቪድዮ

videójáték konzol

መጻወቲ ሰለስተ መንኮርኮር

tricikli

ተዲ

teddi maci

ከብሒ ክዳን

ruhásszekrény

ክዳን

ruházat

ካልስታት

zokni

ነዊሕ ካልስታት

harisnya

ስረ ካልሲ

harisnyanadrág

ሻርባ
sál

ቀበሪ
öv

ጽላል
esernyő

ማልያ
póló

ረፋዕ
csizma

ሲኒከርስ
tornacipő

ጫማ ገዘ
papucs

ሻበጥ
szandál

ጫማ
cipő

ረፋዕ ጎማ
gumicsizma

ሙታንታ
alsónadrág

ክዳን ጡብ
melltartó

ትሕተ ካሚቻ
mellény

ቦዲ

body

ስረ

nadrág

ጂንስ

farmer

ቀምሽ

szoknya

ካምቻ

blúz

ካሚቻ

ing

ጉልፎ

pulóver

ጎልፎ

kapucnis pulóver

ጃኬት

blézer

ጃከት

dzseki

ጁባ

kabát

ክዳን ዝናብ

esőkabát

ኮስቱም

kosztüm

ቀምሽ

ruha

ቀምሽ መርዓ

esküvői ruha

ልብሲ.
öltöny

ካሚቻ ለይቲ
hálóing

ክዳን ለይቲ
pizsama

ሳሪ
szári

መሃረብ ርእሲ.
fejkendő

ቱርባን
turbán

ቡርካ
burka

ካፍታን
kaftán

አባያ
abaya

ክዳን መሕምበሲ.
fürdőruha

ስረ መሕምበሲ.
fürdőnadrág

ሓጺር ስረ
rövidnadrág

ክዳን ታዕሊም
tréningruha

በጀ ክዳን
kötény

ጓንቲ
kesztyű

መልጎም

gomb

መነጽር

szemüveg

በንናጅር

karkötő

ማዕተብ

nyaklánc

ቀለበት

gyűrű

ኩትሻ

fülbevaló

ቆብዕ

sapka

መንበሪ ጁባ

vállfa

ባርኔጣ

kalap

ካርራሻት

nyakkendő

ሻርኔጣ

cipzár

ሀልመት

bukósisak

መድልደል ስረ

nadrágtartó

ድቢዛ ቤትትምህርቲ

iskolai egyenruha

ድቢዛ

egyenruha

48   ክዳን - ruházat

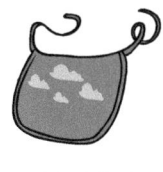

ሰደርያ ቆልዓ

előke

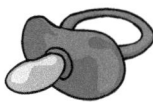

ዓባስ

cumi

ጨርቂ ማማይ

pelenka

ቤት ጽሕፈት

iroda

ሰርቨር
szerver
ከብሒ ሰነድ
irattartó szekrény
ፕሪንተር
nyomtató
ወረቐት
papír
ሞኒቶር
képernyő
ጣውላ ምጽሓፍ
íróasztal
ኣንጭዋ
egér
ሓቓፊ
mappa
ኪቦርድ
billentyűzet
ጎሓፍ ወረቐት
papír-hulladék gyűjtő
ኮምፒተር
számítógép
መንበር
szék

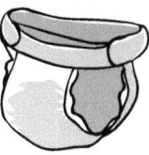

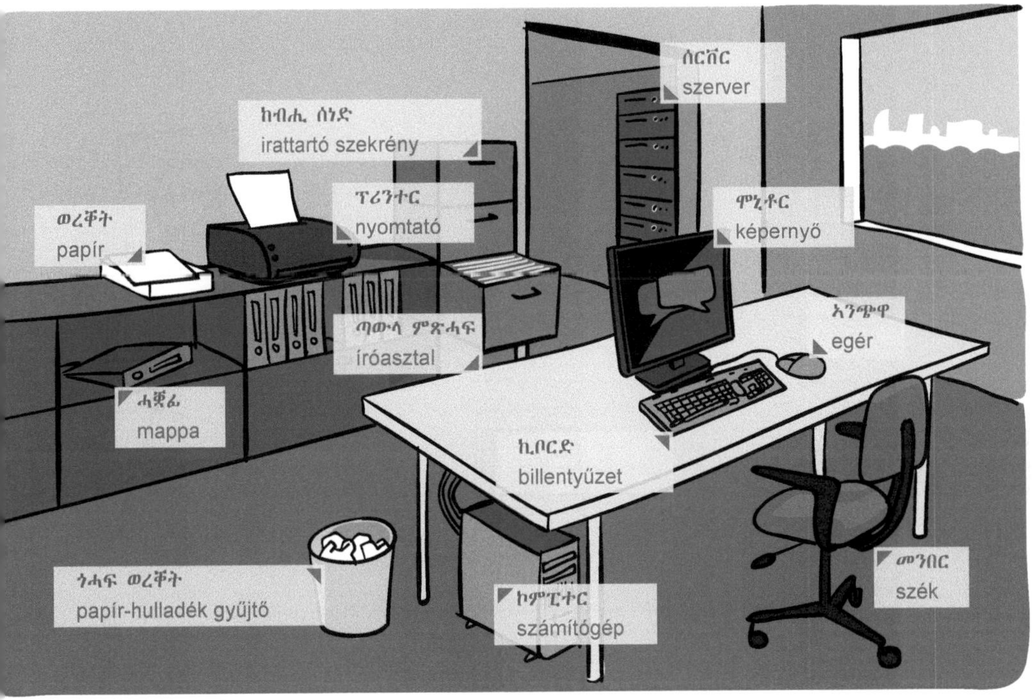

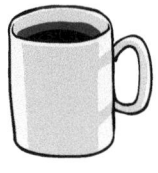

ብርጭቆ ቡን

kávéscsésze

ካልኩለተር

számológép

ኢንተርነት

internet

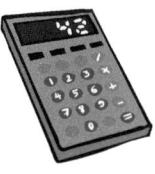

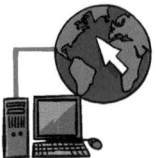

ላፕቶፕ
laptop

ደብዳበ
levél

መልእኽቲ
üzenet

ሞባይል
mobiltelefon

ነትወርክ/መርበብ
hálózat

መቅድሒ ፎቶኮፒ
fénymásoló

ሶፍትዌር
szoftver

ተለፎን
telefon

ሶከት ኢረንቲ
konnektor

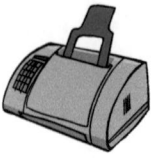

ፋክስ
faxgép

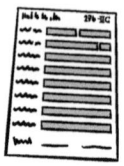

ፎርም
formanyomtatvány

ሰነድ
dokumentum

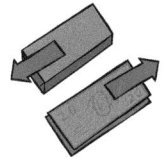

ገዝአ

venni

ከፈለ

fizetni

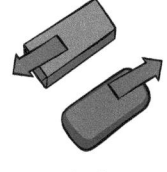

ንግዲ

kereskedni

ገንዘብ

pénz

ዶላር

dollár

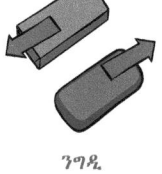

አይሮ

euró

የን

jen

ሩብል

rubel

ስዊዝ ፍራንክን

svájci frank

ረንሚንቢ የዋን

kínai jüan

ሩፒየ

rúpia

መውጽኢ ማሺን ገንዘብ

bankautomata

ቦታ ቅያር ገንዘብ

valutaváltó iroda

ወርቂ

arany

ብሩር

ezüst

ዘይቲ

olaj

ሓይሊ

energia

ዋጋ

ár

ውዕል

szerződés

ቀረጽ

adó

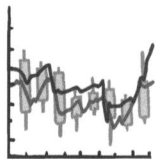

እኩብ ጥረ-ነገራት

részvény

ሰርሐ

dolgozni

ሰራሕተኛ

munkavállaló

አስራሒ

munkaadó

ትካል

gyár

ዱኳን

üzlet

በዓል ፖሊስ
rendőr

መጠፊኢ ሓዊ
tűzoltó

ከሽኒ
szakács

ሓኪም
orvos

መራሒ ነፋሪት
pilóta

ሰራሕትኛ ጀርዲን

kertész

ጸራቢ ዕንጸይቲ

kárpitos

ሰፋይት

varrónő

ፈራዳይ

bíró

ቀማሚ

vegyész

ተዋሳኢ

színész

መራሒ አዉቶቡስ

buszsofőr

አውቲስታ ታክሲ

taxisofőr

ገፋፊ ዓሳ

halász

ጸራጊት

bejárónő

ሃናጻይ ናሕሲ

tetőfedő

አሰላፊ

pincér

ሃዳናይ

vadász

ሰኣላይ

festő

እንዳ ሕብስቲ

pék

ኤሌትሪከኛ

villanyszerelő

ሃናጺ አባይቲ

építőmunkás

ሃንዳሲ

mérnök

ሰራሕተኛ እንዳ ስጋ

hentes

ድራብሊኮ

vízvezeték-szerelő

አማላላሲ ፖስጣ

postás

ወተሃደር

katona

መሃንድስ

építész

ተሓዝ ገንዘብ

eladó

ሰራሕተኛ ዕምባባ

virágos

ቀምቃማይ

fodrász

ፈተሪኖ

kalauz

መካኒክ

műszerész

መራሒ መርከብ

kapitány

ሓኪም ስኒ

fogorvos

ተመራማሪ

tudós

ራቢ

rabbi

ኢማም

imám

ፈላሲ

szerzetes

ቀሺ

lelkész

ናውቲ
szerszámok

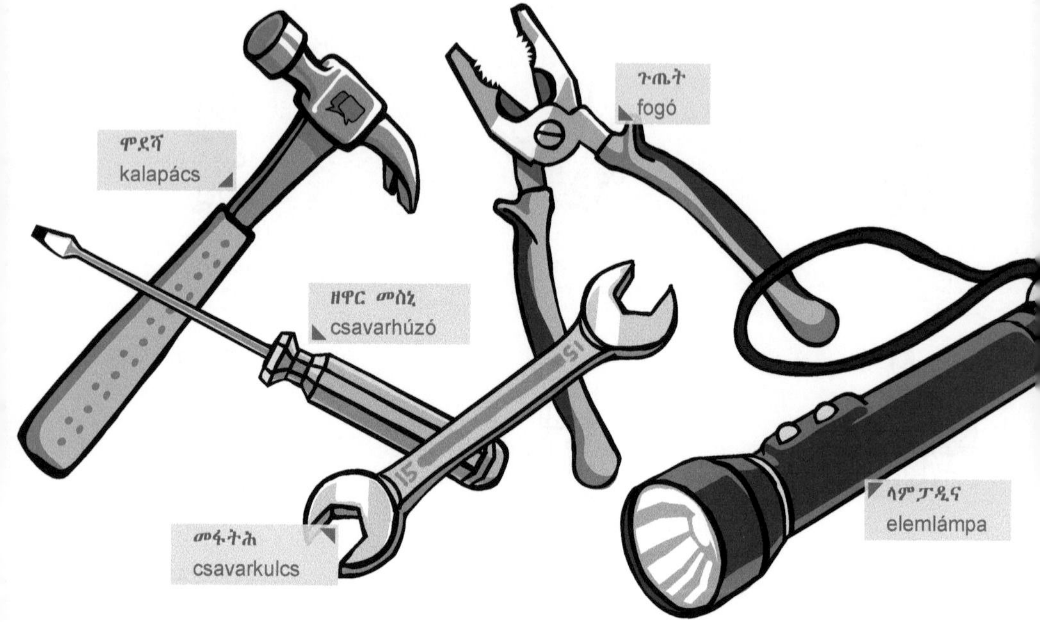
ሞዶሻ
kalapács
ጉጠት
fogó
ዘዋር መስኒ
csavarhúzó
መፋትሕ
csavarkulcs
ላምፓዲና
elemlámpa

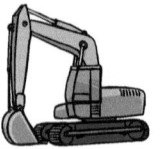

ፈሓሪ
markológép

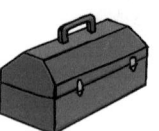

ናውቲ ቦክስ
szerszámosláda

መደያይቦ
vödör

መጋዝ
fűrész

መስማር
szög

ኰዓቲ
fúrógép

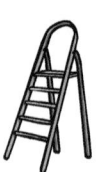

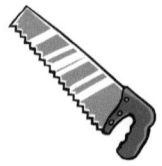

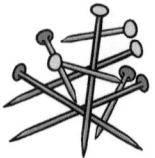

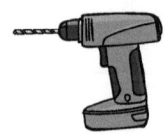

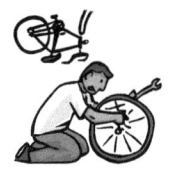

ምዕራይ

megjavítani

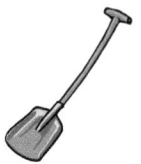

ባደላ

lapát

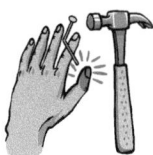

ኣይ!

A francba!

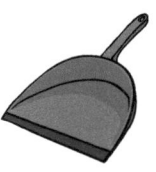

መትሓዚ ዶሮና

szemétlapát

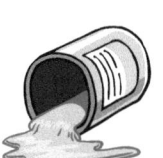

ድስቲ ቀለም

festékesdoboz

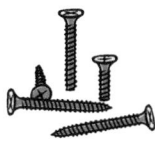

ካቻቢተ

csavar

መሳርሒ ሙዚቃ

hangszerek

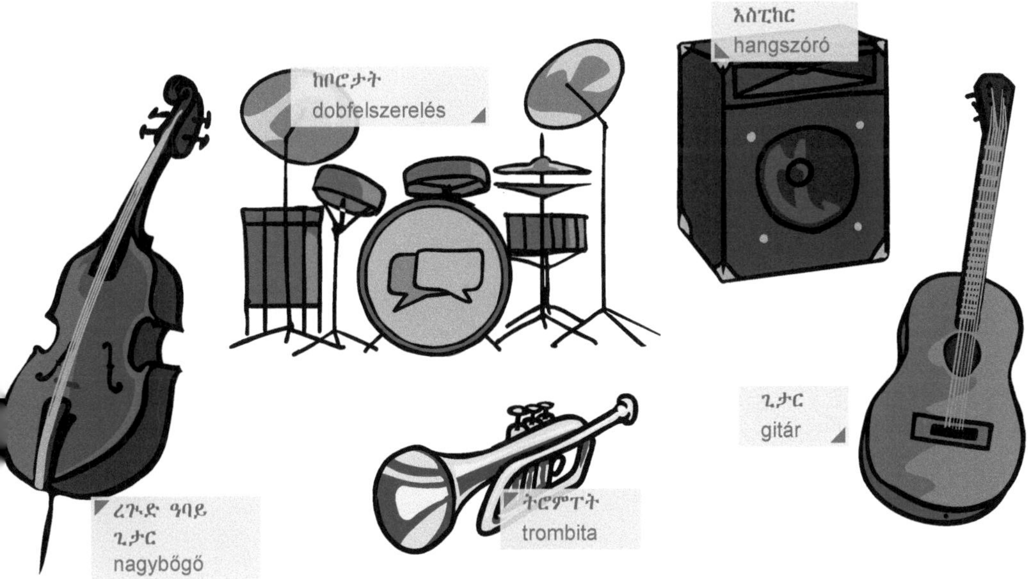
እስፒከር
hangszóró
ከበሮታት
dobfelszerelés
ጊታር
gitár
ረጒድ ዓባይ ጊታር
nagybőgő
ትሮምፐት
trombita

ፒያኖ

zongora

ቪዮሊን

hegedű

ባስ ጊታር

basszusgitár

ቲምንኢ

üstdob

ከበሮ

dobok

ኦርጋን

digitális zongora

ሳክሶፎን

szaxofon

ሻምብቆ

fuvola

ሚክሮፎን

mikrofon

መካነ እንስሳታት
állatkert

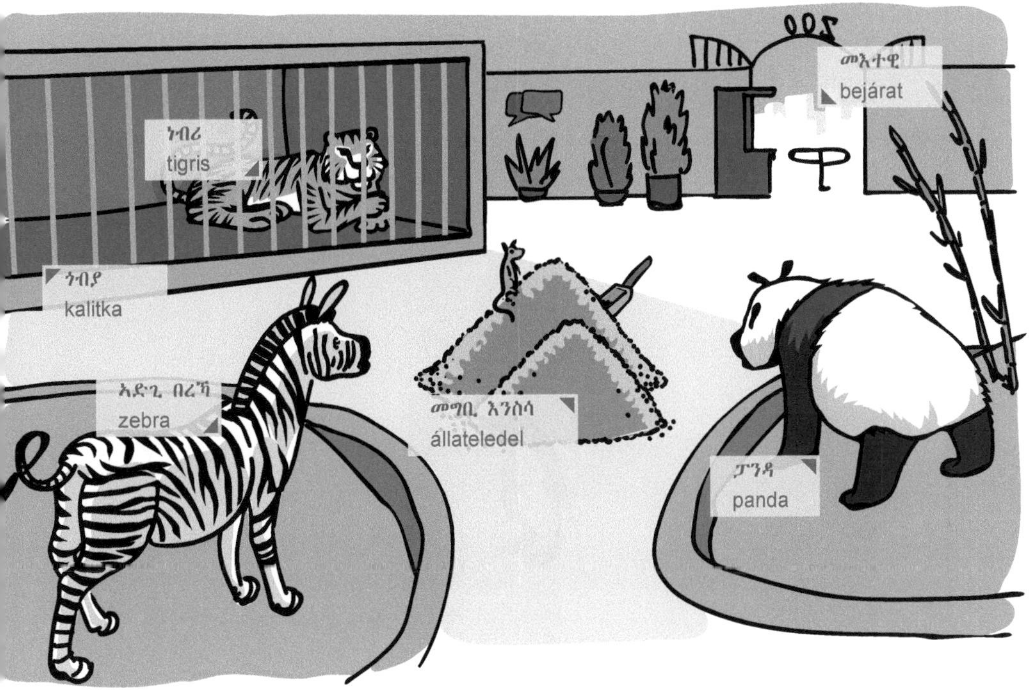

ነብሪ
tigris
ጎብያ
kalitka
አድጊ በረኻ
zebra
መግቢ እንስሳ
állateledel
ፓንዳ
panda
መእተዊ
bejárat

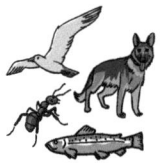

እንስሳታት

állatok

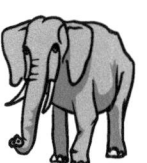

ሓርማዝ

elefánt

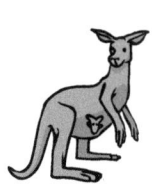

ካንጋሩ

kenguru

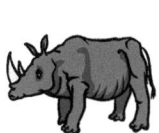

ሓሪሽ

orrszarvú

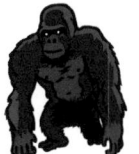

ጉሪላ

gorilla

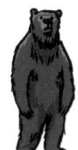

ድቢ

medve

ገመል

teve

ሰገን

strucc

አንበሳ

oroszlán

ህበይ

majom

ፍላሚንጎ

flamingó

ሕንጻይ

papagáj

ድቢ በረድ

jegesmedve

ፐንጒን

pingvin

ክልቢ ዓሳ

cápa

ጣውስ

páva

ተመን

kígyó

ሓርገጽ

krokodil

ሓላዊ ቤት ገርድሽ

állatgondozó

ዓሳ ዚምገብ እንስሳ ባሕሪ

fóka

ጃጓር

jaguár

ሓጹር ፈረስ

póniló

ነብሪ

leopárd

ጉማረ

víziló

ጂራፍ

zsiráf

ሲላ

sas

መፍለስ

vaddisznó

ዓሳ

hal

ጎብየ

teknös

ዋልሩስ

rozmár

ወኻርያ

róka

ሰስሓ

gazella

ናይ አሜሪካ ኩዑሶ እግሪ
amerikai futball

ምዝዋር ብሽግለታ
kerékpározás

ተኔስ
tenisz

ባስከትባል
kosárlabda

ምሕምባስ
úszás

ሆኪ በረድ
jégkorong

ቦክሲንግ
boksz

ኩዑሶ እግሪ
futball

ባድሚንቶን
tollas

እስፖርታዊ ንጥፈታት
atlétika

ኩዑሶ ኢድ
kézilabda

ስኪ
síelés

ፖሎ
lovaspóló

ሰሓቕ
nevetni

ነጠረ
ugrani

ሓቖፈ
ölelni

ደረፈ
énekelni

ከደ
sétálni

ሓለመ
álmodni

ጸለየ
dicsérni

ሰዓመ
csókolni

ጸሓፈ
írni

ሰኣለ
rajzolni

ኣርኣየ
mutatni

ደፍአ
tolni

ሃበ
adni

ወሰደ
vinni

አለመ
....
birtokolni

ገበረ
....
csinálni

ኮነ
....
lenni

ጠጠው በለ
....
állni

ጎየየ
....
futni

ሰሓበ
....
húzni

ሰንደመ
....
hajít

ወደቐ
....
esni

ሓሰመ
....
hazudni

ተጸበየ
....
várni

ሰከሞ
....
vinni

ኮፍ በለ
....
ülni

ተኸድነ
....
felvenni

ደቀሰ
....
aludni

ተስአ
....
felébredni

64   ንጥፈታት - tevékenységek

ረአየ

ránézni

በኸየ

sírni

ብኣጻብዑ ደረዘ

simogat

መሸጠ

fésülni

ተዛረበ

beszélni

ተረድአ

megérteni

ሓተተ

kérdezni

ሰምዐ

hallgatni

ሰተየ

inni

በልዐ

enni

አቐመጠ

takarítani

አፍቀረ

szeretni

ከሸነ

főzni

ዘወረ

vezetni

ነፈረ

szállni

ንጥፈታት - tevékenységek

ብመርከብ ገየሽ

vitorlázni

ደመረ

számol

አንበበ

olvasni

ተመሃረ

tanulni

ሰርሐ

dolgozni

መርዓወ

házasodni

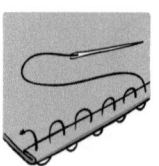

ሰፈየ

varrni

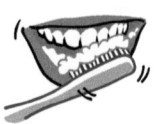

ጽሬት አስናን

fogat mosni

ቀተለ

ölni

ሽጋራ ተከኸ

dohányozni

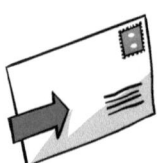

ሰደደ

küldeni

ስድራቤት
család

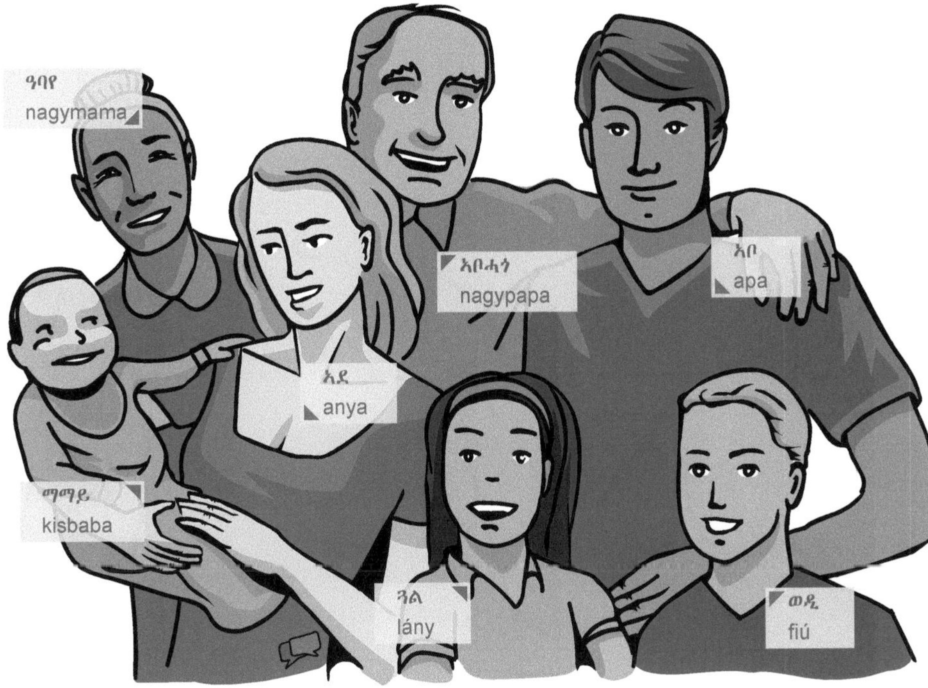
ዓባየ
nagymama
ኣቦሓጎ
nagypapa
ኣቦ
apa
ኣደ
anya
ማማይ
kisbaba
ጓል
lány
ወዲ
fiú

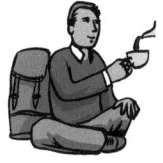

ጋሻ
....
vendég

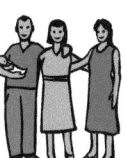

ሓትኖ
....
nagynéni

ኣኮ
....
nagybácsi

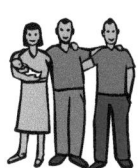

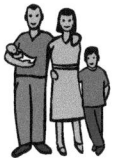

ሓው
....
fiútestvér

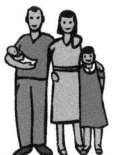

ሓፍቲ
....
lánytestvér

ግንባር
homlok

ዓይኒ
szem

ገጽ
arc

መንኩስ
áll

አፍ-ልቢ
mell

አጻብዕ
ujj

ኢድ
kéz

ምናት
kar

መንኩብ
váll

ሸፋን እግሪ
láb

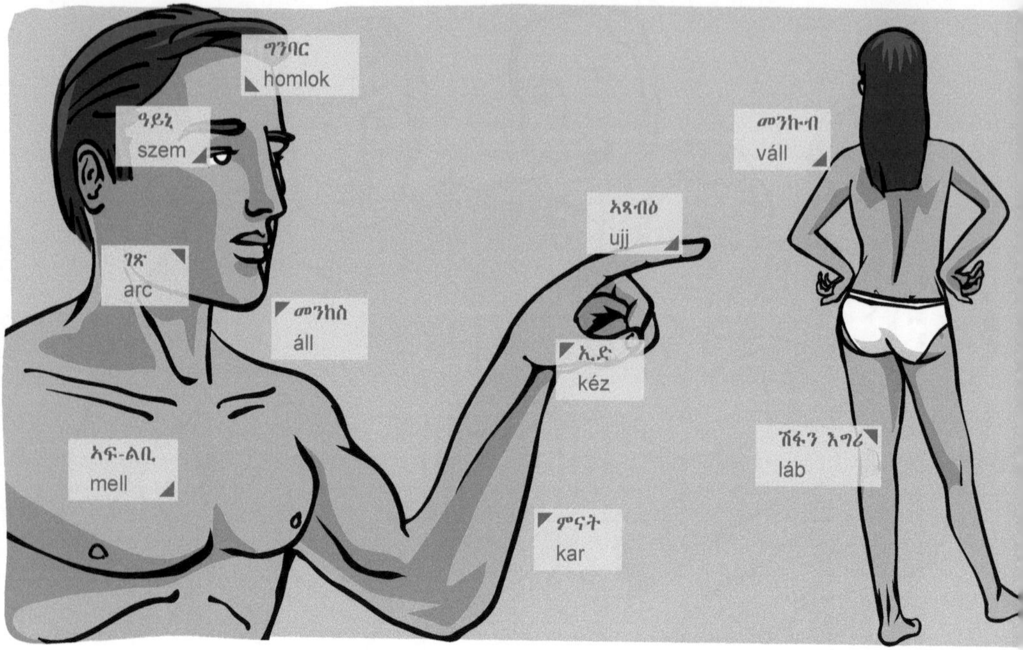

ማማይ
kisbaba

ሰብአይ
ember
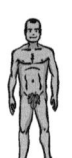

ሰበይቲ
nő

ጓል
lány

ወዲ
fiú

ርእሲ
fej

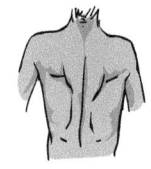

ሕቘ

hát

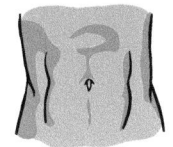

ከስዐ

has

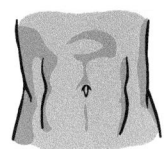

ሕምብርቲ

köldök

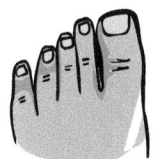

አጻብዕ እግሪ

lábujj

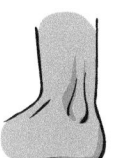

ኩርኵረ

sarok

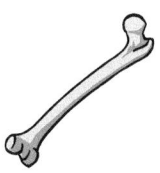

ዓጽሚ

csont

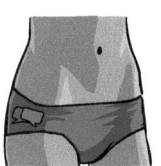

ምሕኮልቲ

csípő

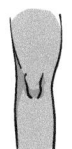

ብርኪ

térd

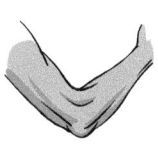

ፎግፎጉ

könyök

አፍንጫ

orr

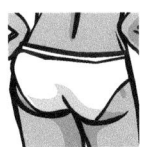

መዓኮር

fenék

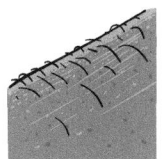

ቆርበት

bőr

ምዕጉርቲ

orca

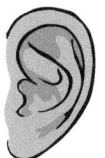

እዝኒ

fül

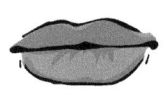

ከንፈር

ajak

አፍ

száj

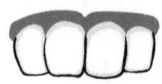

ስኒ

fog

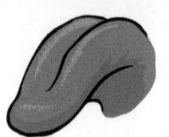

መልሓስ

nyelv

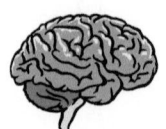

ሓንጎል

agy

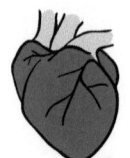

ልቢ

szív

ጭዋዳ

izom

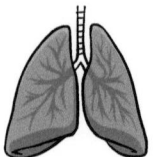

ሳንቡእ

tüdő

ጸላም ከብዲ

máj

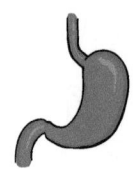

ከብዲ

gyomor

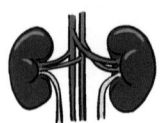

ኮሊት

vese

ግብረ ስጋ

szex

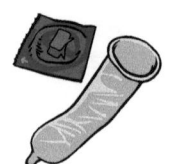

ኮንዶም

kondom

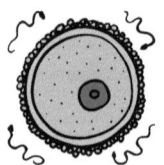

እንቋቍሓ

petesejt

ዘርኢ ተባዕታይ

sperma

ጥንሲ

terhesség

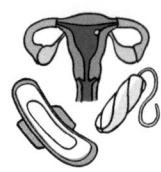

ጽግያት
menstruáció

ርሕሚ
vagina

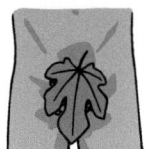

መትሎ
pénisz

ሽፋሽፍቲ
szemöldök

ጸግሪ
haj

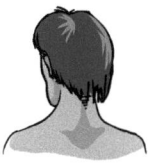

ክሳድ
nyak

ሆስፒታል
kórház

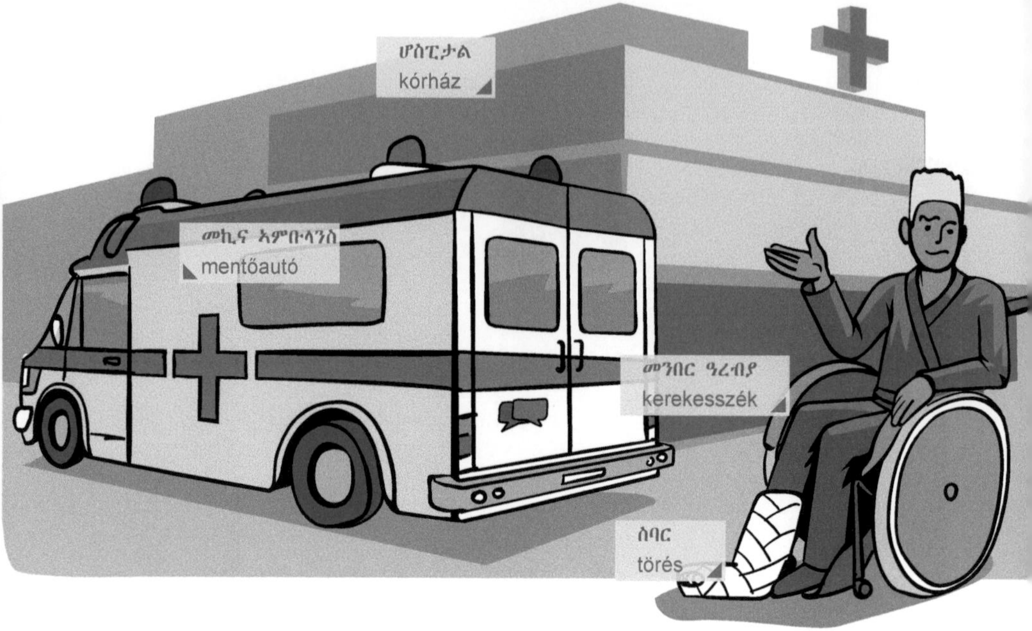

ሆስፒታል
kórház
መኪና ኣምቡላንስ
mentőautó
መንበር ዓረብያ
kerekesszék
ስባር
törés

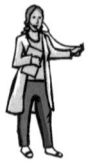

ሓኪም

orvos

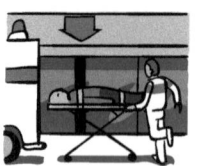

ክፍሊ ህጹጽ ረድኤት

sürgősségi osztály

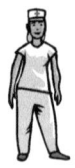

ኣላይት

ápoló

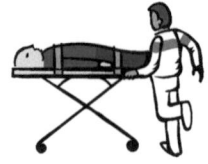

ህጹጽ ኩነት

vészhelyzet

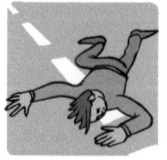

ውነኡ ዘጥፍአ

eszméletlen

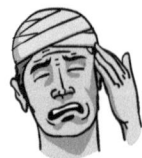

ቃንዛ

fájdalom

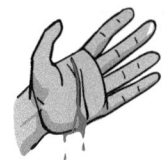

ጉድኣት

sérülés

ደም

vérzés

ማህረምቲ

szívroham

ማህረምቲ

szélütés

ኣለርጂ

allergia

ሰዓል

köhögés

ረስኒ

láz

ኡንፍልወንዛ

influenza

ውጽኣት

hasmenés

ቃንዛ ርእሲ

fejfájás

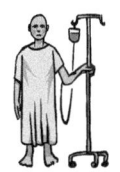

መንሽሮ

rák

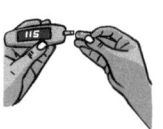

ሹኮርያ

cukorbetegség

ሓኪም መጥባሕቲ

sebész

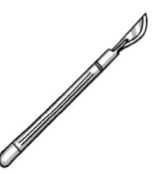

መጥብሒ

szike

መጥባሕቲ

műtét

CT
CT

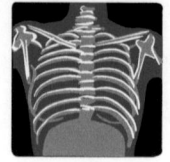

ራጅ
röntgen

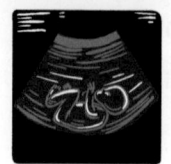

ልዕለ ድምጻዊ
ultrahang

መሸፈኒ ገጽ
arcmaszk

ሕማም
betegség

ክፍሊ ምጽባይ
váróterem

ምርኩስ
mankó

መጅነኒ ቅስሊ
sebtapasz

መጅነኒ
kötszer

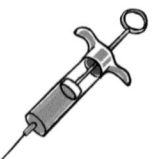

መርፍዕ ምውጋእ
injekció

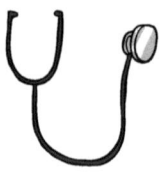

ስተቶስኮፕ
sztetoszkóp

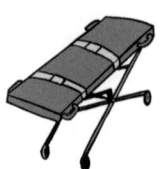

መስከሚ ሕማም
hordágy

ቴርሞመተር
klinikai hőmérő

ትውልዲ
születés

ልዕለ-ሚዛን
túlsúly

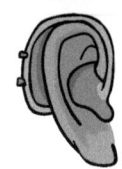

ሓገዝ ምስማዕ

hallókészülék

ኣንጺሂ

fertőtlenítőszer

ልበዳ

fertőzés

ቫይረስ

vírus

ኤድስ

HIV/AIDS

ሕክምና

orvosság

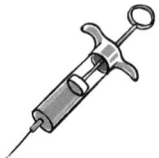

ክታበ

oltás

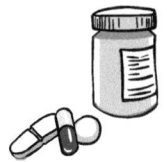

ክኒና

tabletták

ክኒና

tabletta

ህጹጽ ምድዋል

sürgősségi hívás

መዕቀኒ ጸቕጢ ደም

vérnyomásmérő

ሕሙም / ጥዑይ

betegség / egészség

ሓገዝ

Segítség!

ኣላርም

riasztás

ምህጃም

rajtaütés

መጥቃዕቲ

támadás

ድንገት

veszély

ህጹጽ መውጽኢ

vészkijárat

ሓዊ!

tűz!

መጥፍኢ ሓዊ

tűzoltókészülék

ሓደጋ

baleset

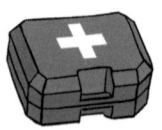

ሳንጣ ቀዳማይ ረድኤት

elsősegélycsomag

SOS

SOS

ፖሊስ

rendőrség

ኤውሮጳ

Európa

ሰሜን አመሪካ

Észak-Amerika

ደቡብ አመሪካ

Dél-Amerika

አፍሪቃ

Afrika

ኤስያ

Ázsia

አውስትራልያ

Ausztrália

አትላንቲክ

Atlanti-óceán

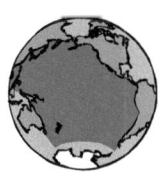

ፓሲፊክ

Csendes-óceán

ህንዳዊ ዉቕያኖስ

Indiai-óceán

አንታርቲካዊ ዉቕያኖስ

Déli-óceán

አርክቲካዊ ዉቕያኖስ

Jeges-tenger

ሰሜናዊ ዋልታ

Északi-sark

ደቡባዊ ዋልታ

Déli-sark

አንታርቲካ

Antarktisz

ምድሪ

föld

መሬት

szárazföld

ባሕሪ

tenger

ደሴት

sziget

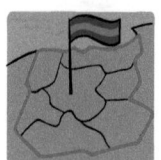

ሃገር

nemzet

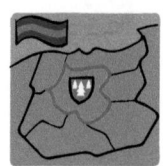

ዓዲ

állam

ምድሪ - föld

ገጽ ሰዓት

számlap

አመልካቺ ሰዓታት

kismutató

አመልካቺ ደቓይቛ

nagymutató

አመልካቺ ካልኢት

másodpercmutató

ሰዓት ክንደይ አሎ?

Mennyi az idő?

መዓልቲ

nap

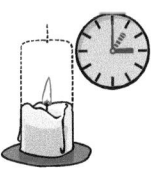

ግዜ

idő

ሕጂ

most

ዲጂታል ሰዓት

digitális óra

ደቓይቛ

perc

ሰዓት

óra

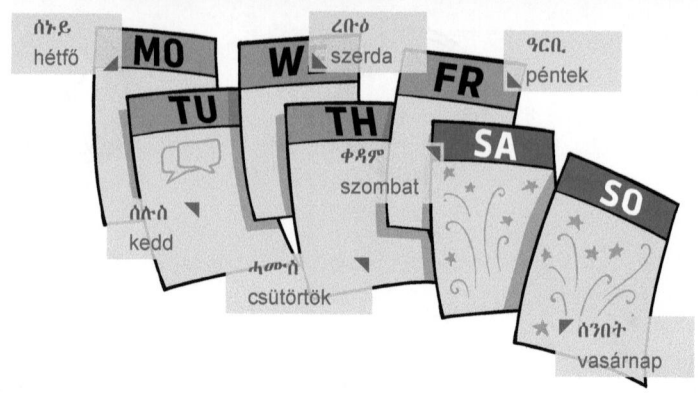

ሰኑይ
hétfő

MO

W szerda

ረቡዕ

ዓርቢ
péntek

FR

TU

TH

SA

ቀዳም
szombat

SO

ሰሉስ
kedd

ሓሙስ
csütörtök

ሰንበት
vasárnap

ትማሊ
tegnap

ሎሚ
ma

ጽባሕ
holnap

ንጎሆ
reggel

ቀትሪ
dél

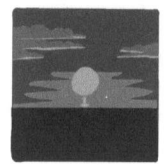

ምሸት
este

MO	TU	WE	TH	FR	SA	SU
1	2	3	4	5	6	7
8	9	10	11	12	13	14
15	16	17	18	19	20	21
22	23	24	25	26	27	28
29	30	31	1	2	3	4

መዓልታት ስራሕ
hétköznap

MO	TU	WE	TH	FR	SA	SU
1	2	3	4	5	6	7
8	9	10	11	12	13	14
15	16	17	18	19	20	21
22	23	24	25	26	27	28
29	30	31	1	2	3	4

መወዳእታ ሰሙን
hétvége

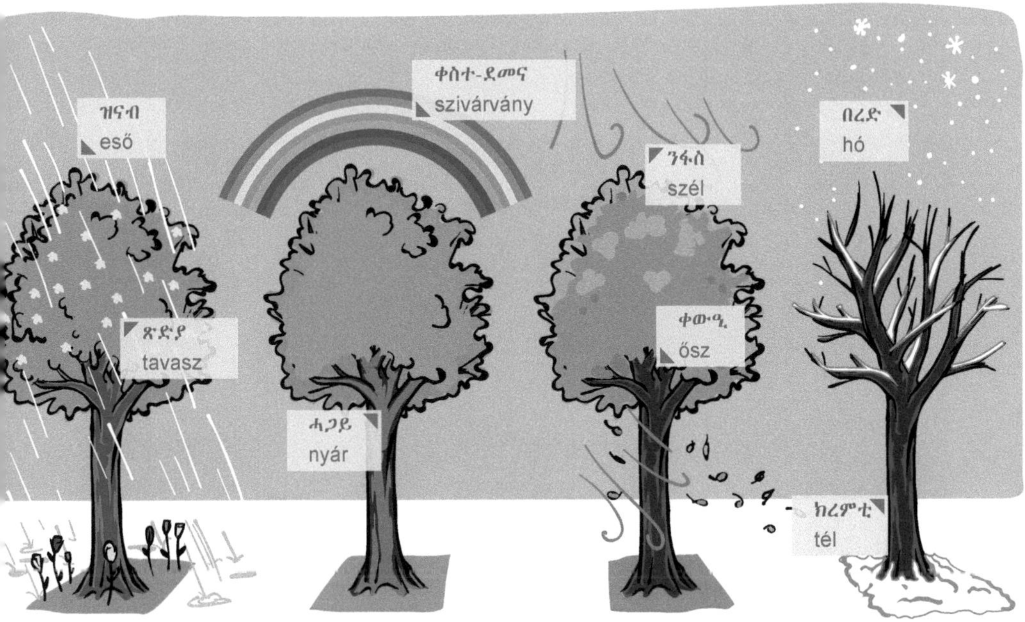

ቀስተ-ደመና
szivárvány
ዝናብ
eső
በረድ
hó
ንፋስ
szél
ጽድያ
tavasz
ቀውዒ
ősz
ሓጋይ
nyár
ክረምቲ
tél

4.APRIL 11°
5.APRIL 4°
6.APRIL 13°
7.APRIL 8°
8.APRIL 10°

ትንቢት ኩነታት ኣየር

....

időjárás előrejelzés

F C
120 40
90 30
60 20
30 10
0 0
-30 -10
-20

ቴርሞመተር

....

hőmérő

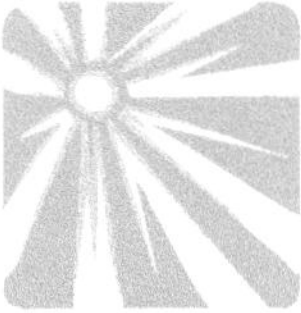

ብርሃን ጸሓይ

....

napsütés

ደበና

....

felhő

ግመ

....

köd

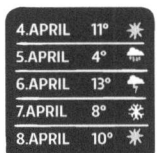

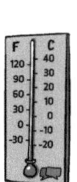

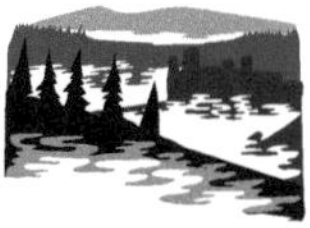

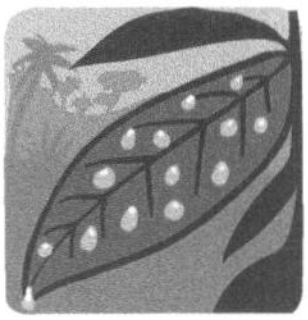

ጠሊ

....

páratartalom

ብርቂ

villámlás

ነጎዳ

mennydörgés

ህቦብላ

vihar

በረድ

jégeső

ብርቱዕ ህቦብላ

monszun

ውሕጅ

áradás

በረድ

jég

ጥሪ

január

ለካቲት

február

መጋቢት

március

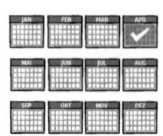

ሚያዝያ

április

ጉንበት

május

ሰነ

június

ሓምለ

július

ነሓሰ

augusztus

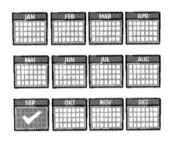

መስከረም
....
szeptember

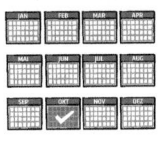

ጥቅምቲ
....
október

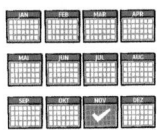

ሕዳር
....
november

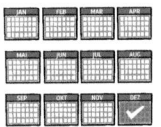

ታሕሳስ
....
december

ዙርያ
....
kör

ትርብዒት
....
négyzet

ቅኑዕ ርቡዕ ኩርናዕ
....
téglalap

ስሉስ ኩርናዕ
....
háromszög

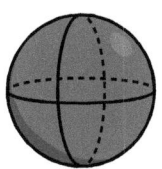

ክቢ
....
gömb

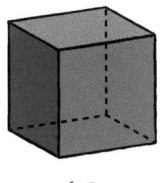

ኩቦ
....
kocka

ጸዕዳ

fehér

ብጫ

sárga

ኣራንሺ

narancs

ፒንክ

rózsaszín

ቀይሕ

piros

ጁኸ

lila

ሰማያዊ

kék

ቀጠልያ

zöld

ቡናዊ

barna

ሓሙኽሽታይ

szürke

ጸሊም

fekete

ብዙሕ / ውሑድ

sok / kevés

ሕሩቕ / ሰላማዊ

mérges / nyugodt

ጽቡቕ / ክፉእ

szép / csúnya

መጀመርያ / መወዳእታ

kezdet / vég

ዓቢ / ንእሽቶ

nagy / kicsi

ብሩህ / ጸልማት

világos / sötét

ሓው / ሓፍት

fivér / nővér

ጽሩይ / ርሳሕ

tiszta / koszos

ምሉእ / ዘይምሉእ

teljes / nem teljes

መዓልቲ / ለይቲ

nappal / éjszaka

ሙዉት / ህልው

halott / élő

ሰፊሕ / ጸቢብ

széles / keskeny

ደስ ዘበል / ደስ ዘይብል
....
ehető / nem ehető

እኩይ / ህያዋይ
....
gonosz / kedves

ርቡጽ / ስልኩይ
....
izgatott / unott

ረጊድ / ቀጢን
....
kövér / vékony

ቀዳማይ / ናይ መወዳእታ
....
első / utolsó

ዓርኪ / ጸላኢ
....
barát / ellenség

ምሉእ / ባዶ
....
teli / üres

ተሪር / ልስሉስ
....
kemény / puha

ከቢድ / ፈኩስ
....
nehéz / könnyű

ጥምየት / ጽምየት
....
éhség / szomjúság

ሕሙም / ጥዑይ
....
betegség / egészség

ዘይሕጋዊ / ሕጋዊ
....
illegális / legális

መስተውዓሊ / ስዶ
....
intelligens / buta

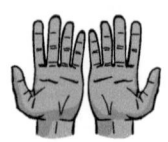

ጸጋም / የማን
....
bal / jobb

ቐረባ / ርሑቕ
....
közel / távol

ሓዲሽ / ብሉይ
új / használt

ዋላ ሓደ / ገለ
semmi / valami

ዓቢ/አረጊት / መንእሰይ
idős / fiatal

ወልዕ / አጥፍእ
be / ki

ክፉት / ዕጹው
nyitva / zárva

ህዱእ / ዓው
csendes / hangos

ሃብታም / ድኻ
gazdag / szegény

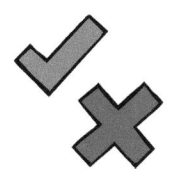

ቅኑዕ / ግጉይ
helyes / helytelen

ሓርፋፍ / ልሙጽ
érdes / sima

ጉሁይ / ሕጉስ
szomorú / vidám

ሓጺር / ነዊሕ
rövid / hosszú

ቀስ / ቅልጡፍ
lassú / gyors

ጥሉል / ንቑጽ
nedves / száraz

ምዉቕ / ዝሑል
meleg / hideg

ውግእ / ሰላም
háború / béke

számok

0

ዜሮ
nulla

1

ሓደ
egy

2

ክልተ
kettő

3

ሰለስተ
három

4

ኣርባዕተ
négy

5

ሓሙሽተ
öt

6

ሽዱሽተ
hat

7

ሸውዓተ
hét

8

ሸሞንተ
nyolc

9

ትሽዓተ
kilenc

10

ዓሰርተ
tíz

11

ዓሰርተ ሓደ
tizenegy

12
ዓሰርተ ክልተ
tizenkettő

13
ዓሰርተ ሰለስተ
tizenhárom

14
ዓሰርተ አርባዕተ
tizennégy

15
ዓሰርተ ሓሙሽተ
tizenöt

16
ዓሰርተ ሽዱሽተ
tizenhat

17
ዓሰርተ ሽውዓተ
tizenhét

18
ዓሰርተ ሽሞንተ
tizennyolc

19
ዓሰርተ ትሽዓተ
tizenkilenc

20
ዕስራ
húsz

100
ሚእቲ
száz

1.000
ሽሕ
ezer

1.000.000
ሚልዮን
millió

እንግሊዝኛ

angol

አሜሪካዊ እንግሊዛዊ

amerikai angol

ቻይናዊ ማንዳሪን

mandarin kínai

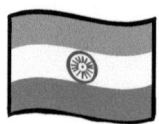

ሂንዳዊ

hindi

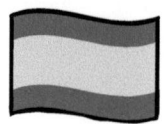

እስጳኛዊ

spanyol

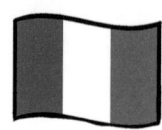

ፈረንሳዊ

francia

ዓረባዊ

arab

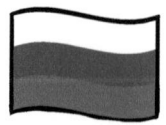

ሩሲያዊ

orosz

ፖርቱጋላዊ

portugál

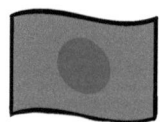

በንጋሊ

bengáli

ጀርመናዊ

német

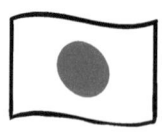

ጃፓናዊ

japán

አነ
én

ንስኻ/ኺ
te

ንሱ / ንሳ / ንሱ
ö

ንሕና
mi

ንስኻ
ti

ንሳቶም
ők

መን?
ki?

እንታይ?
mi?

ከመይ?
hogyan?

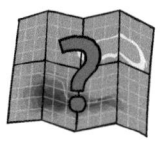

አበይ?
hol?

መዓስ?
mikor?

ሽም
név

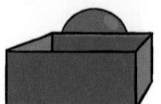

ድሕሪ

mögött

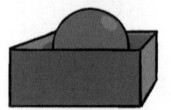

አብ

benne

አብ ቅድሚ

előtte

አብ ላዕሊ

felette

አብ ልዕሊ

rajta

ትሕቲ ምድሪ

alatta

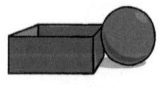

አብ ጥቓ

mellett

አብ መንጎ

között

በታ

hely